Apple

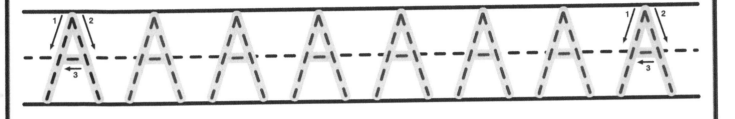

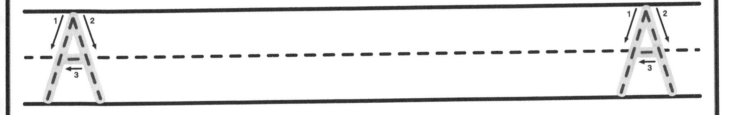

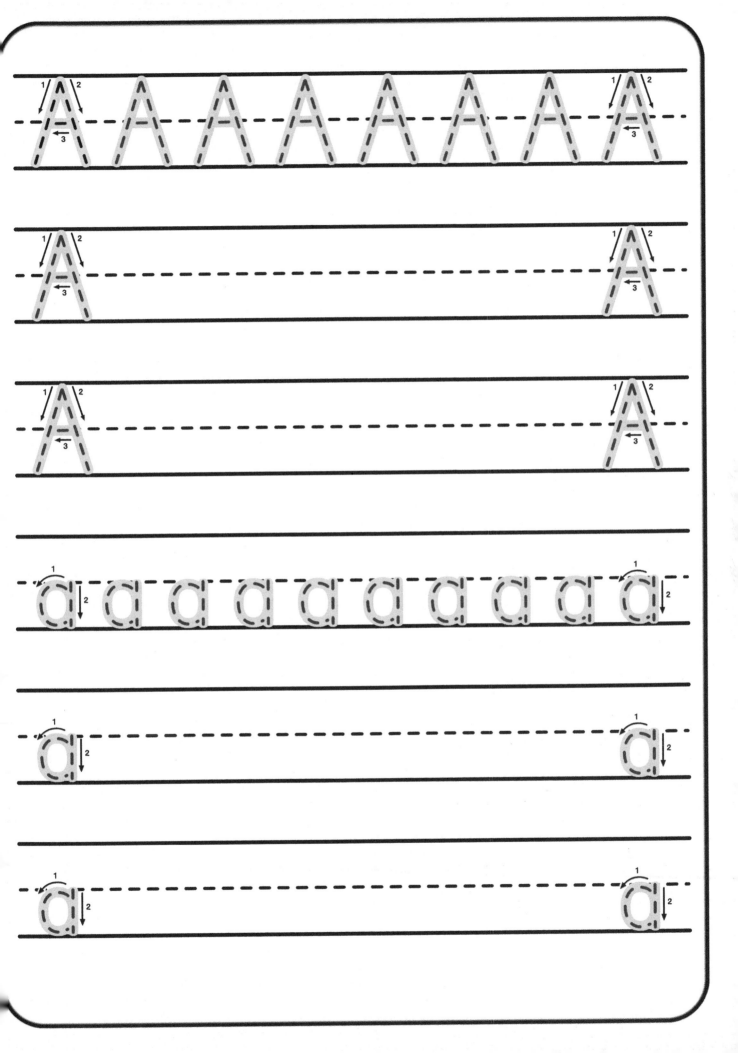

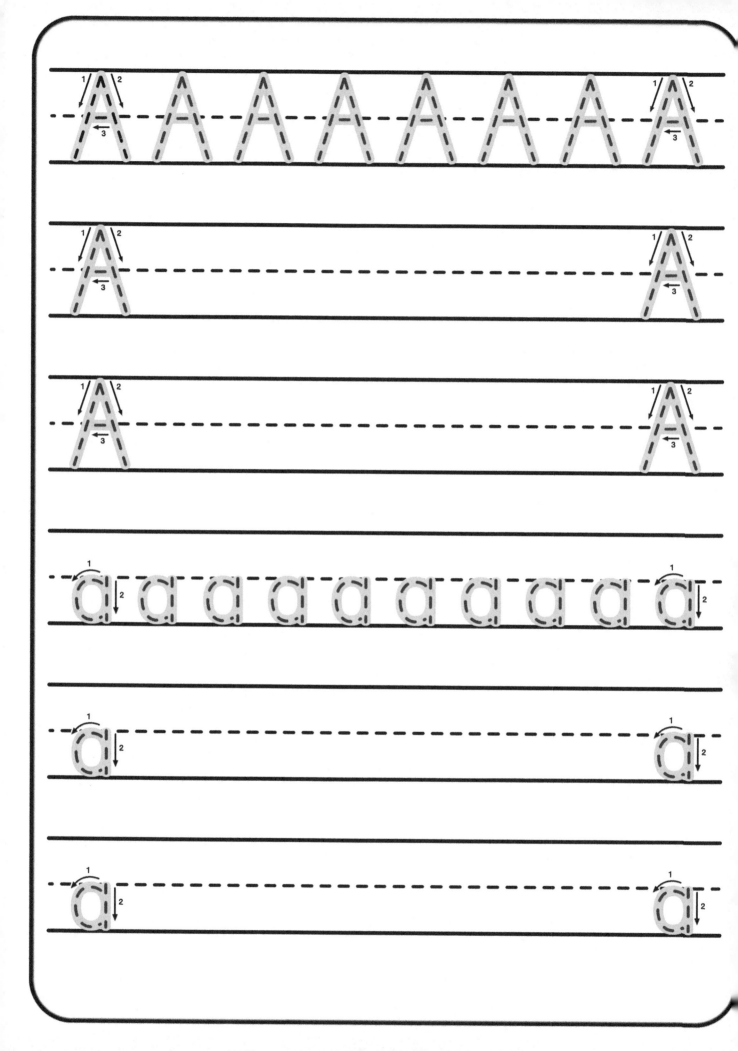

Ball

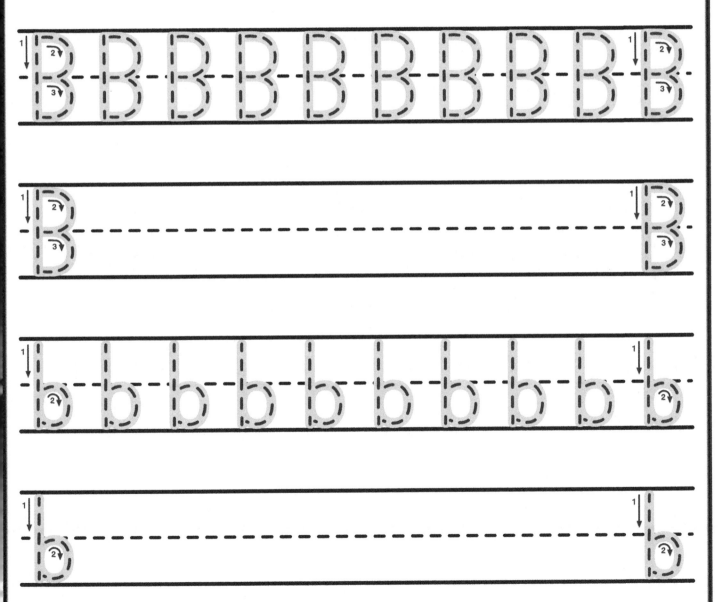

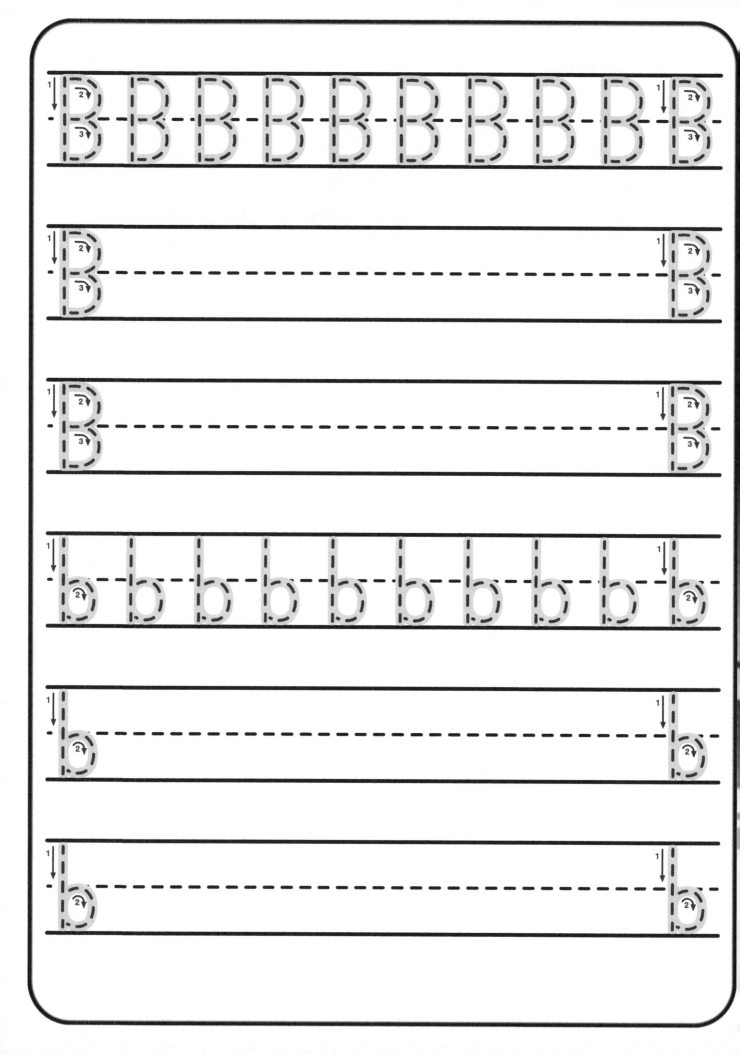

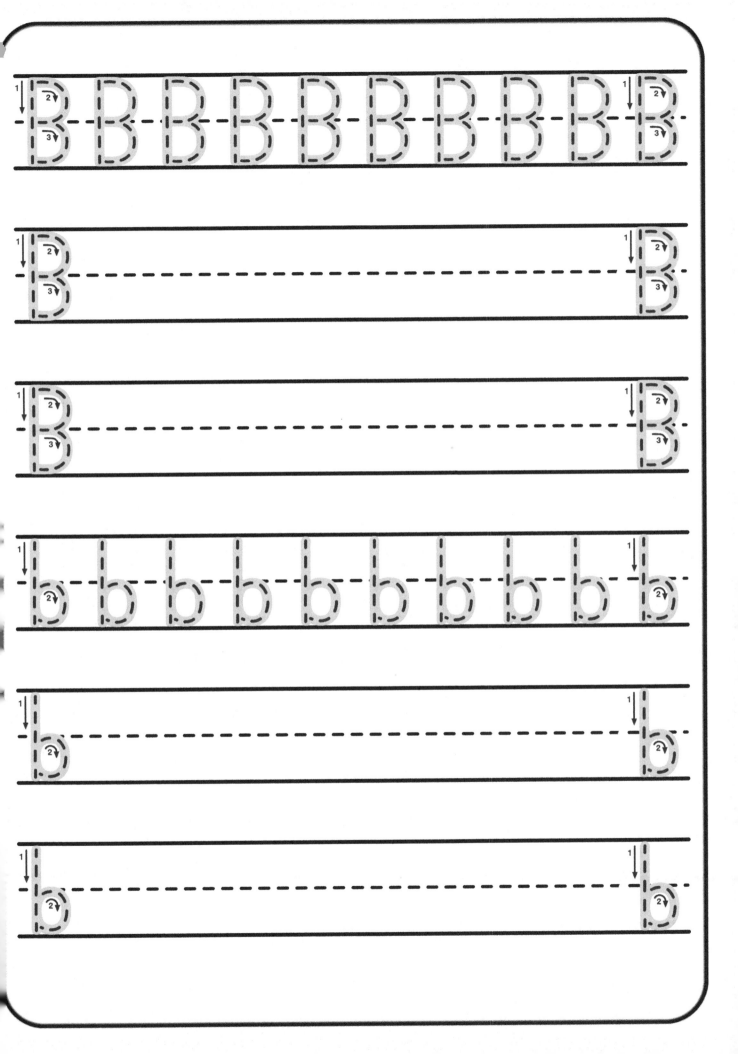

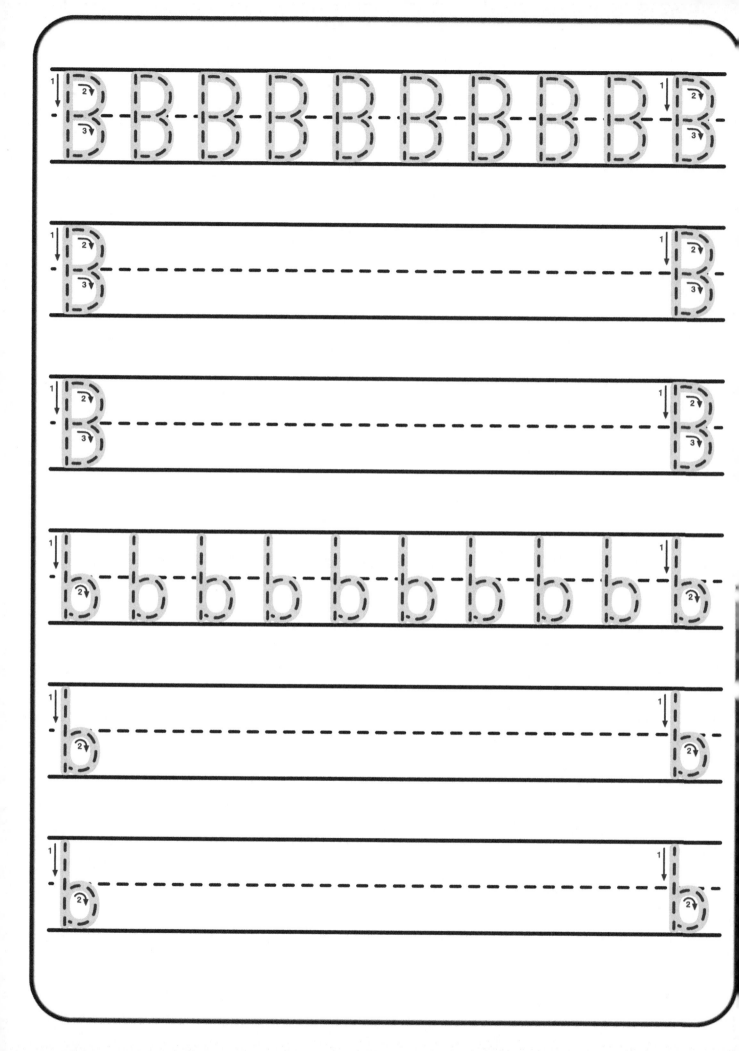

Cat

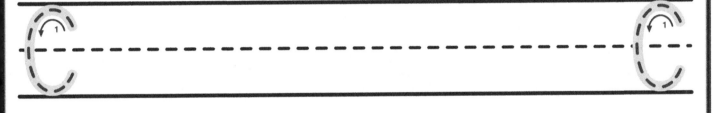

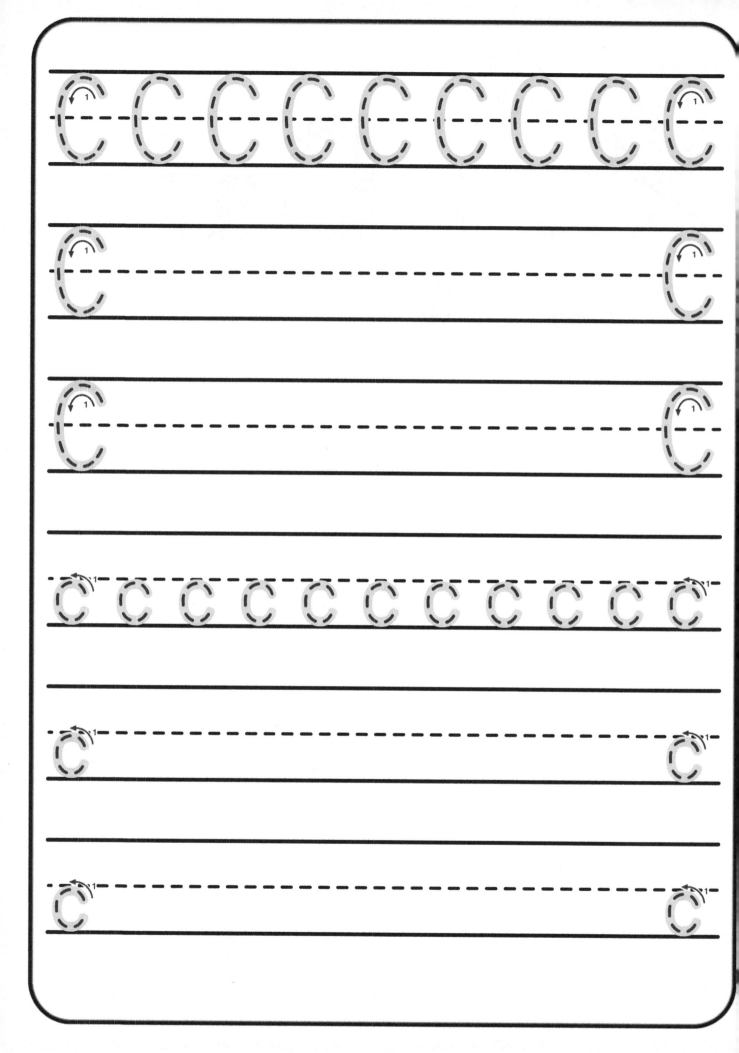

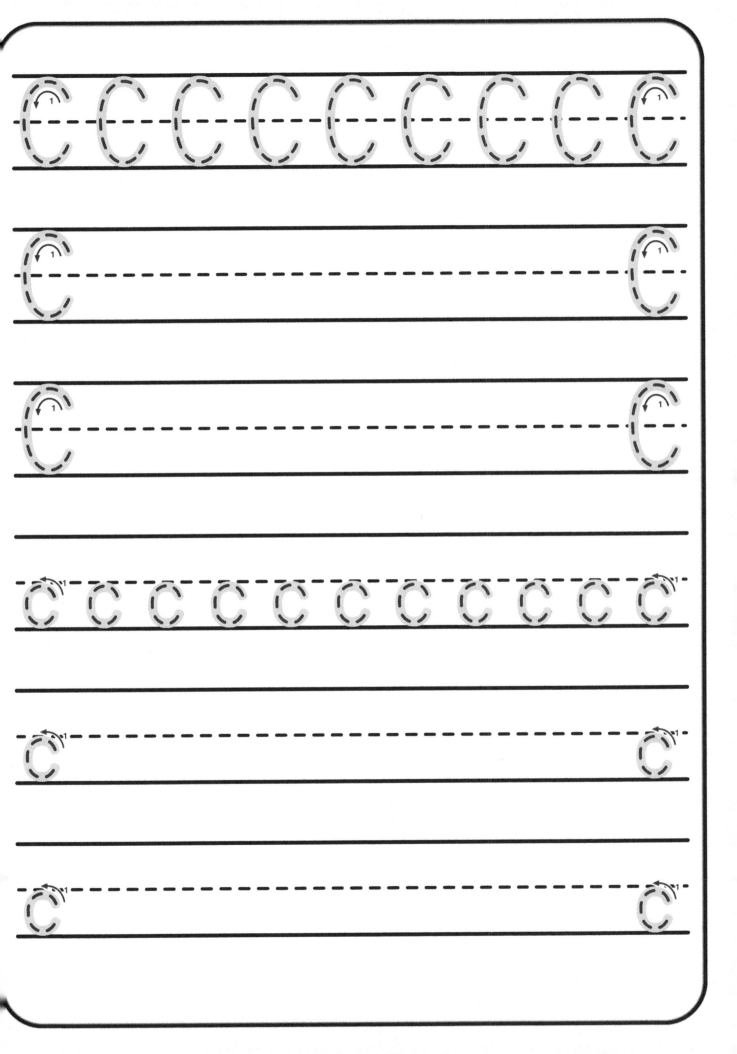

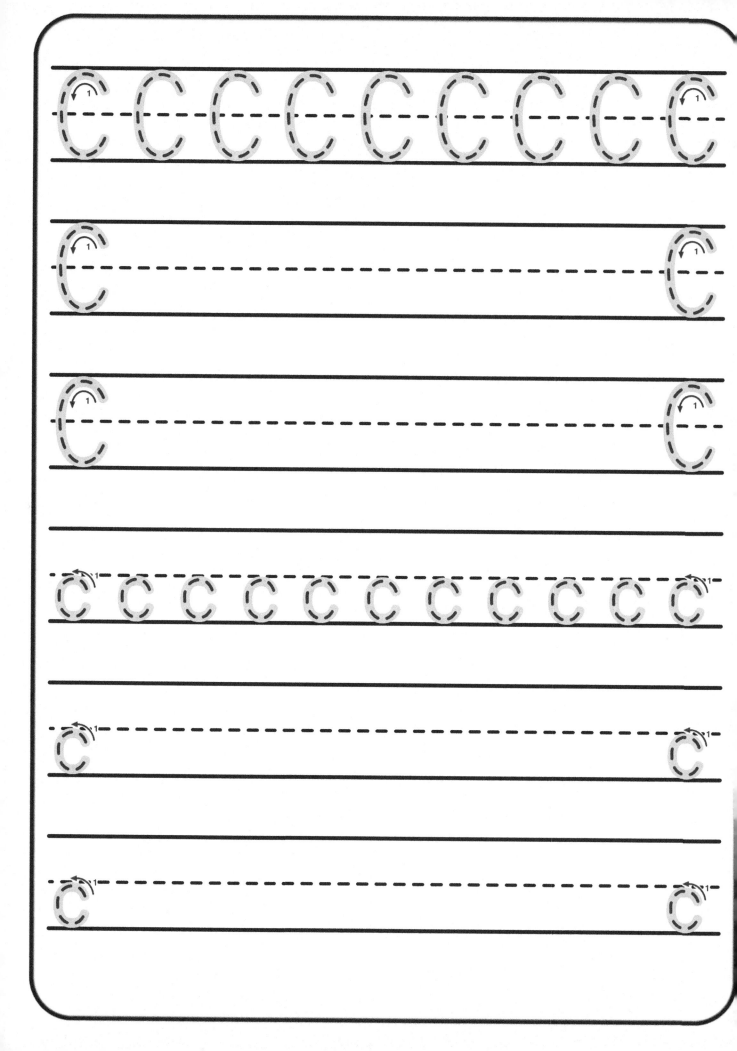

 **D**inosaur

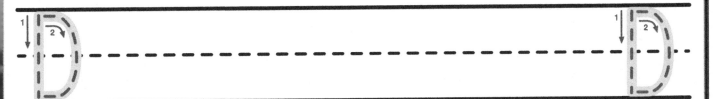

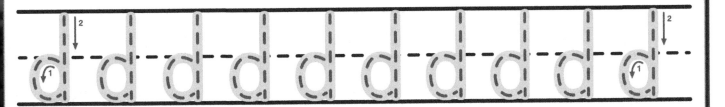

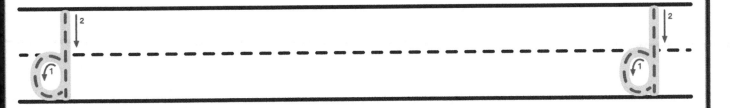

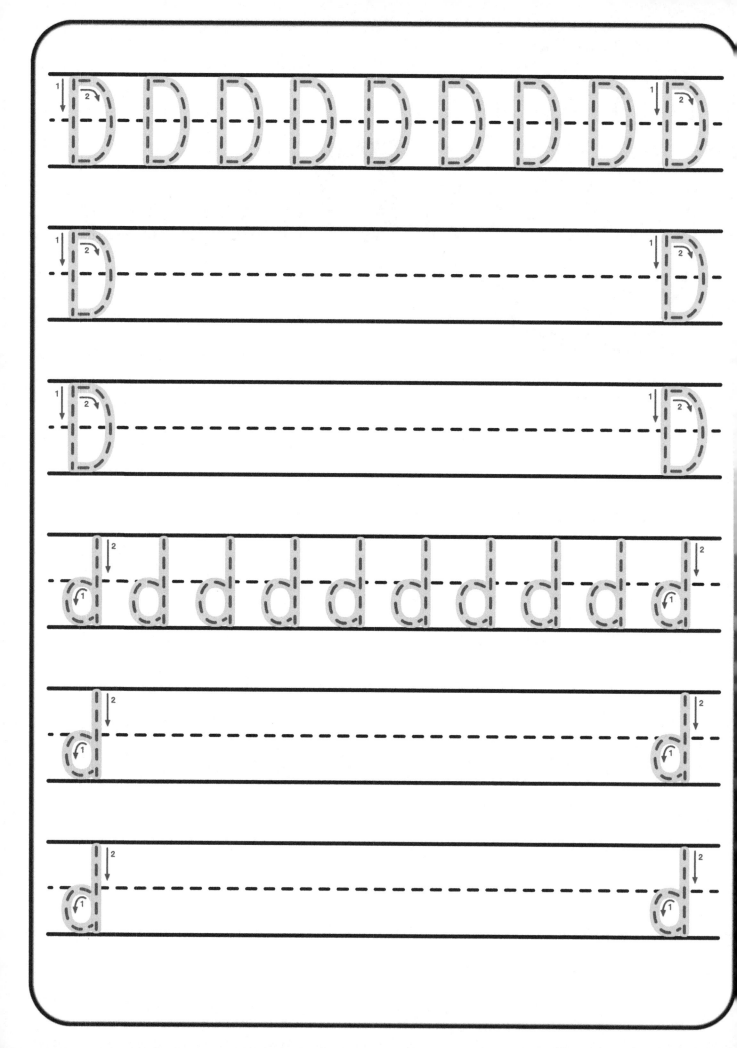

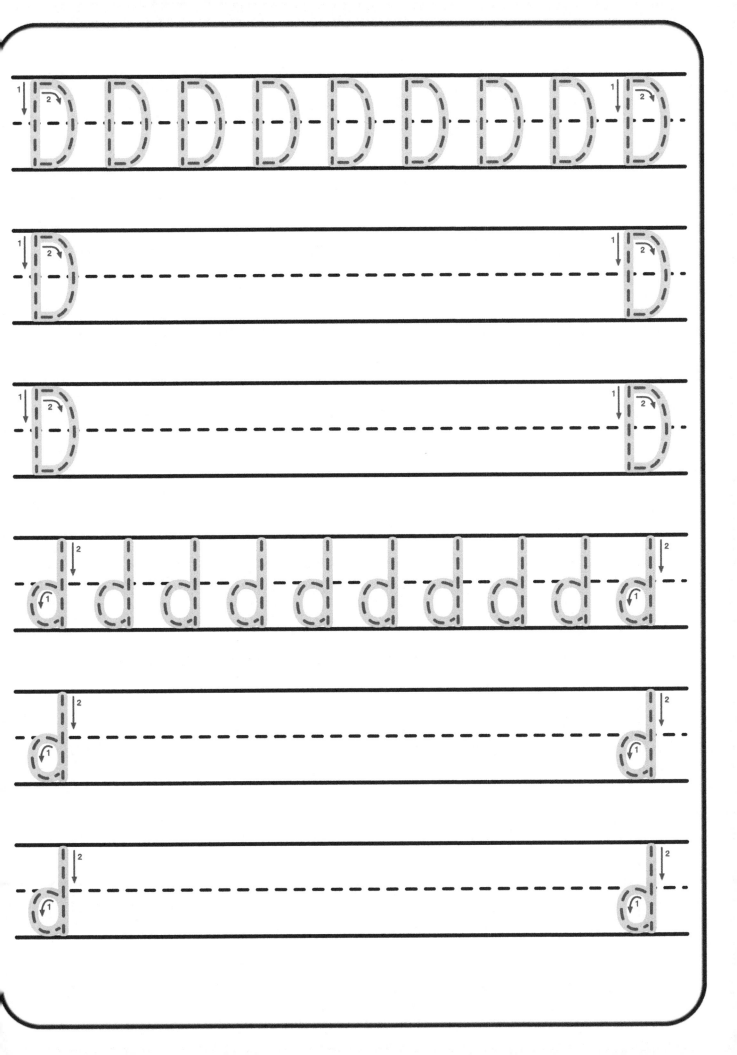

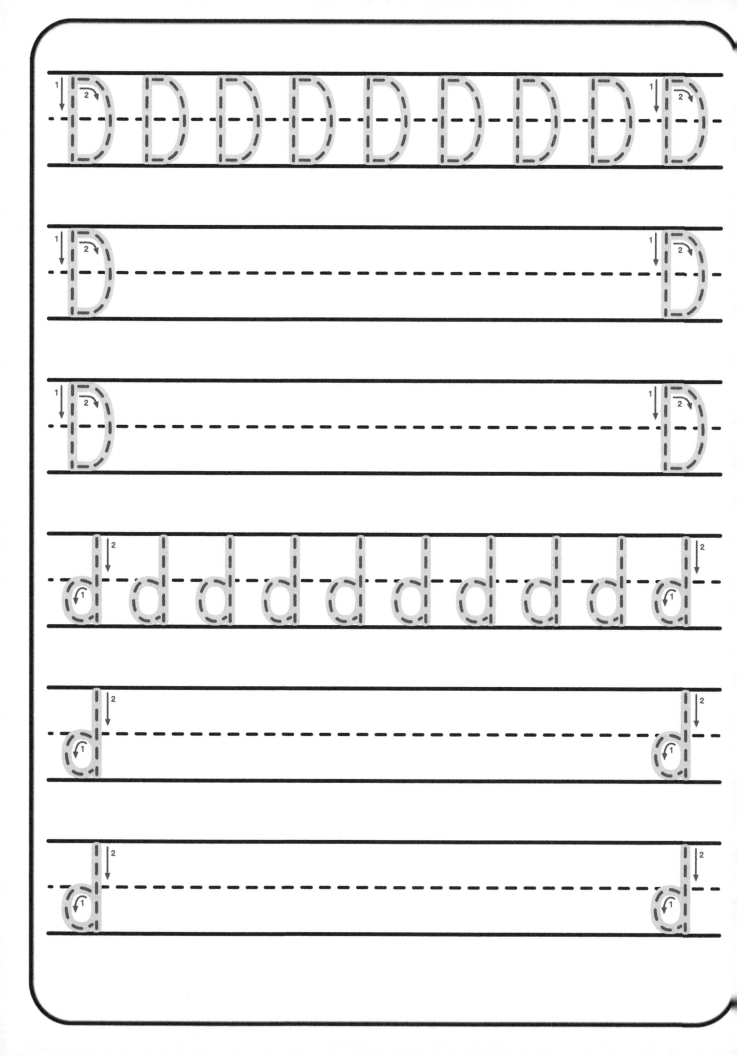

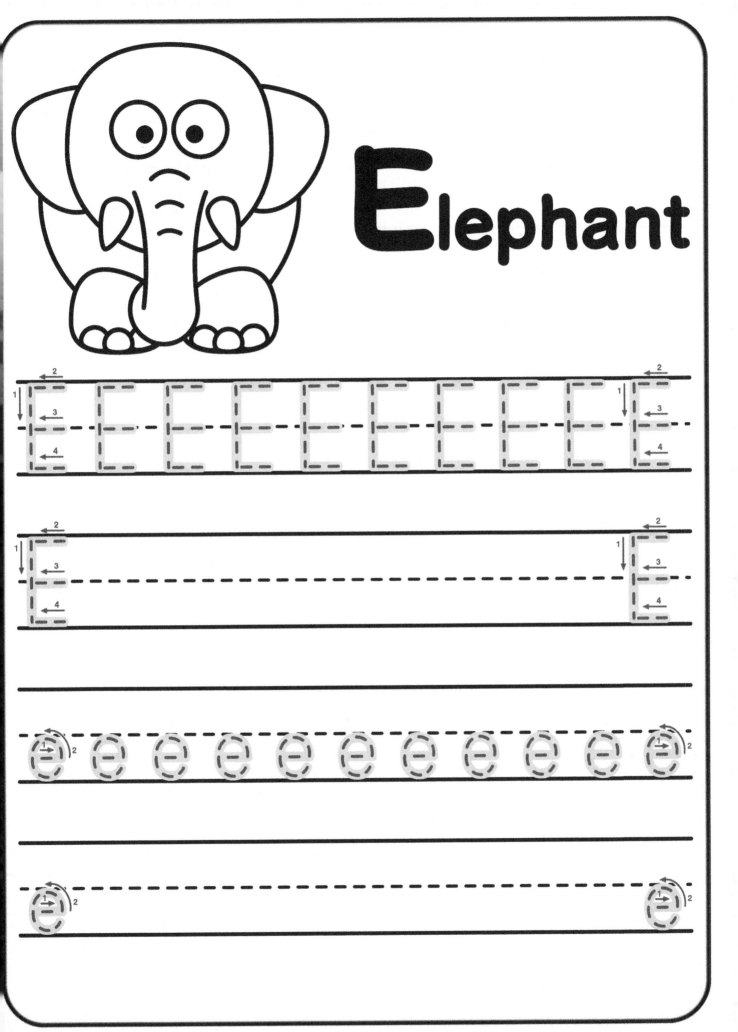

Elephant

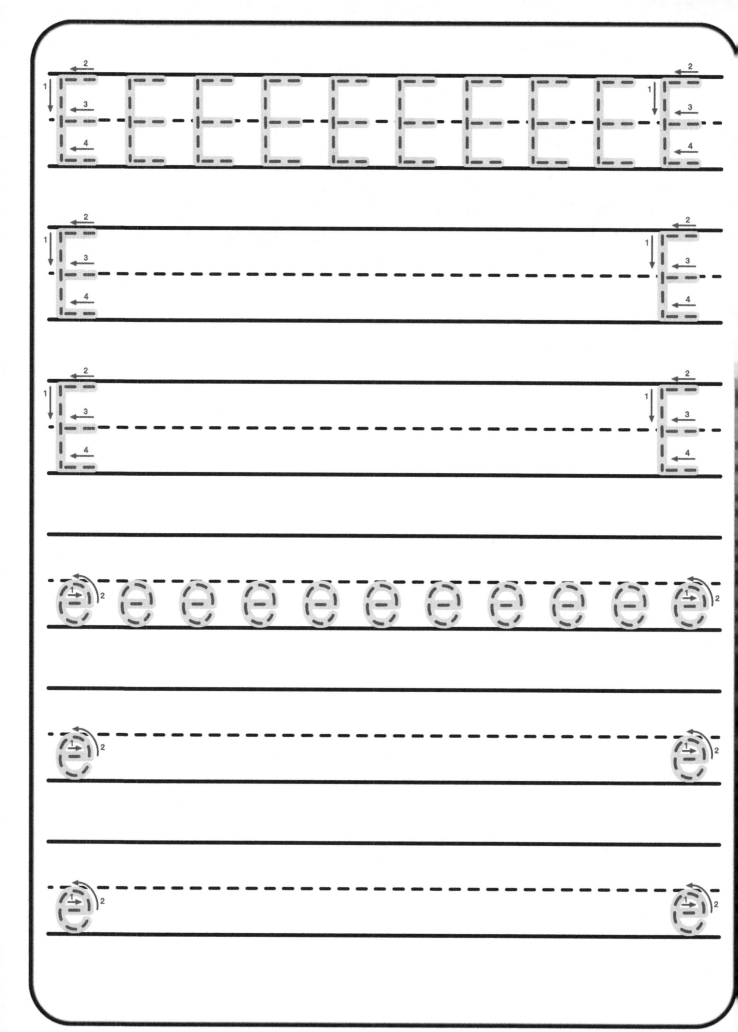

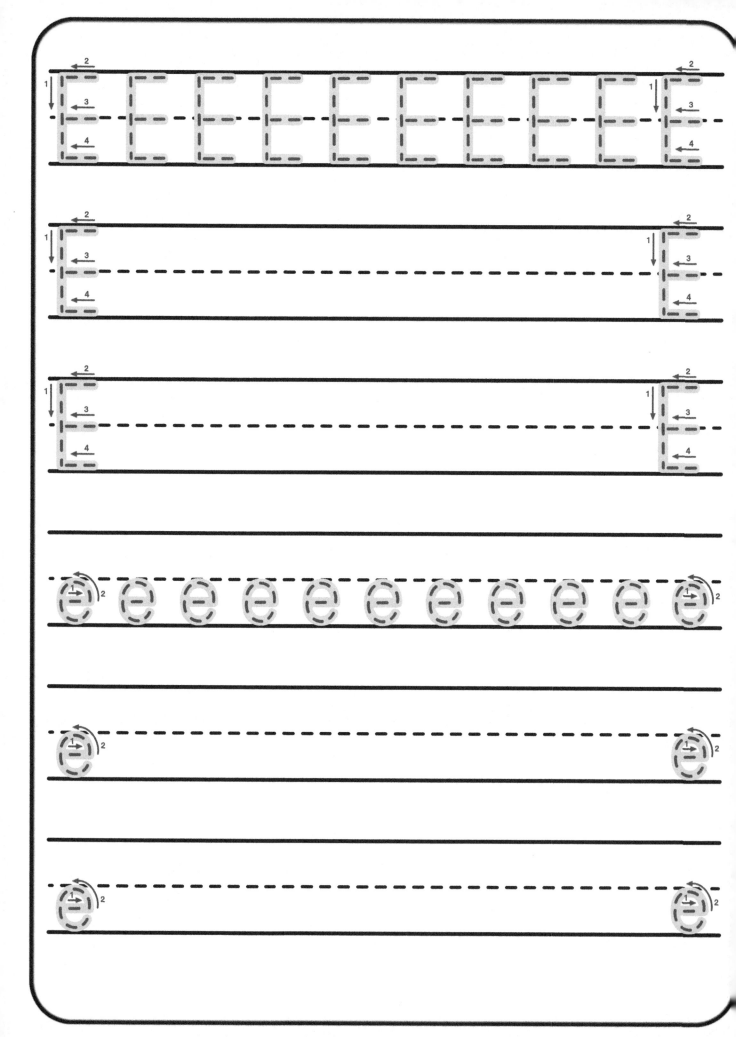

Frog

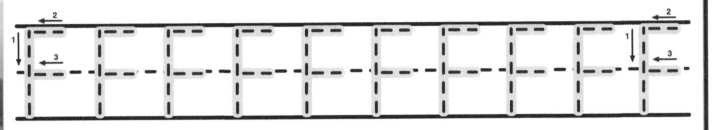

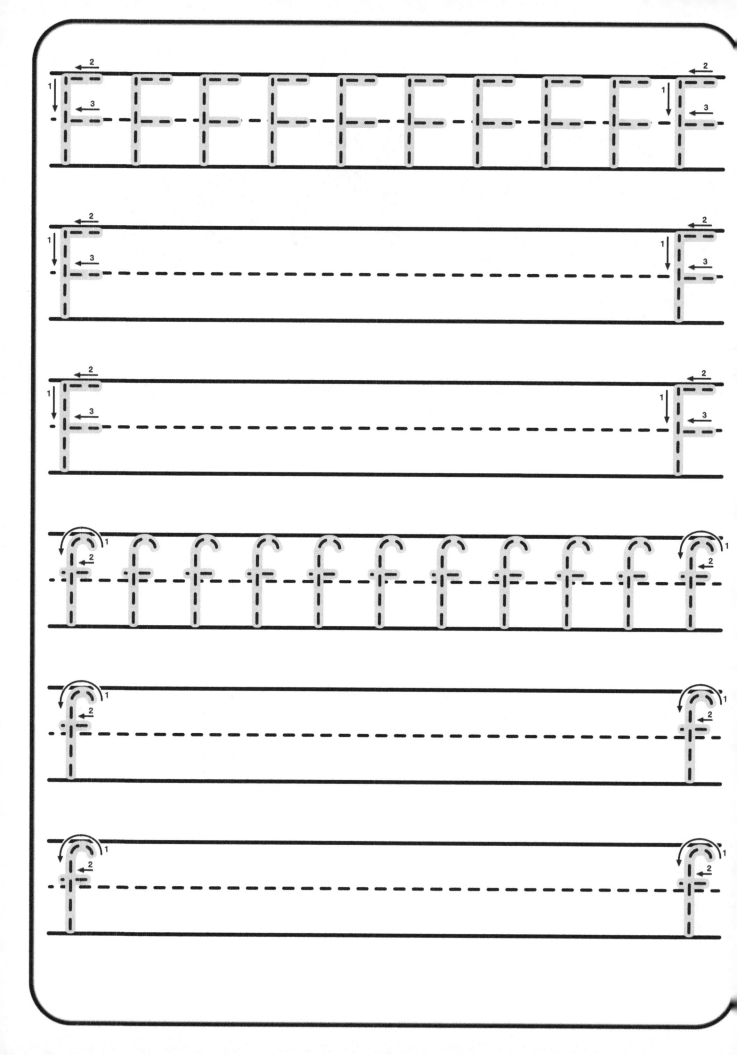

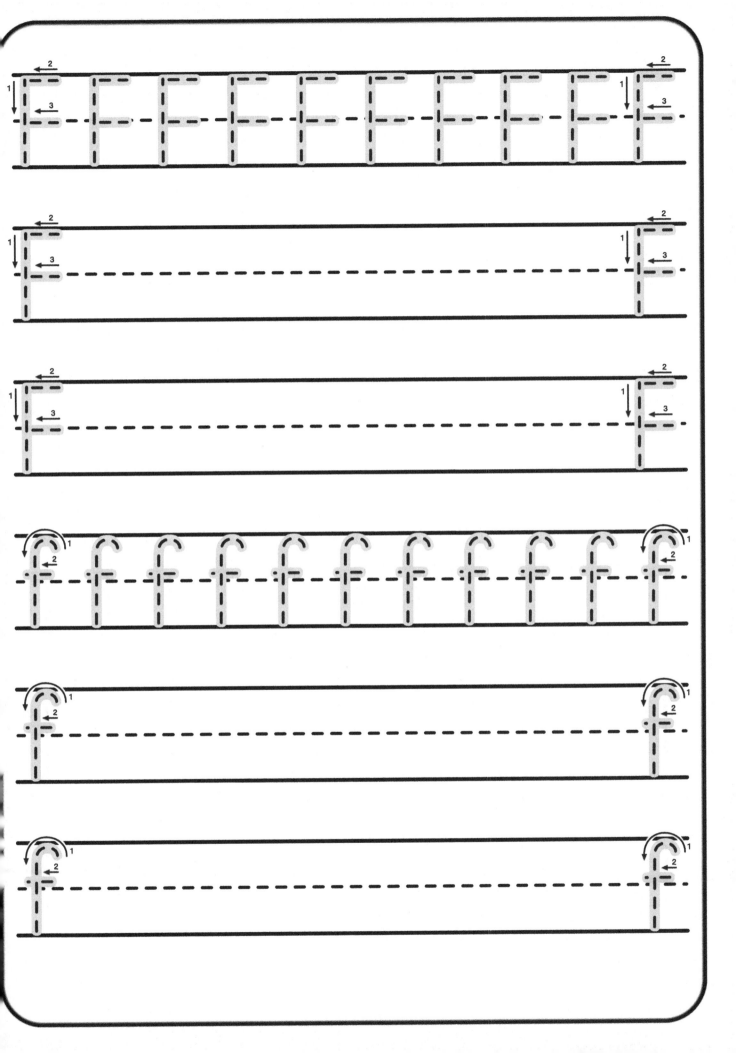

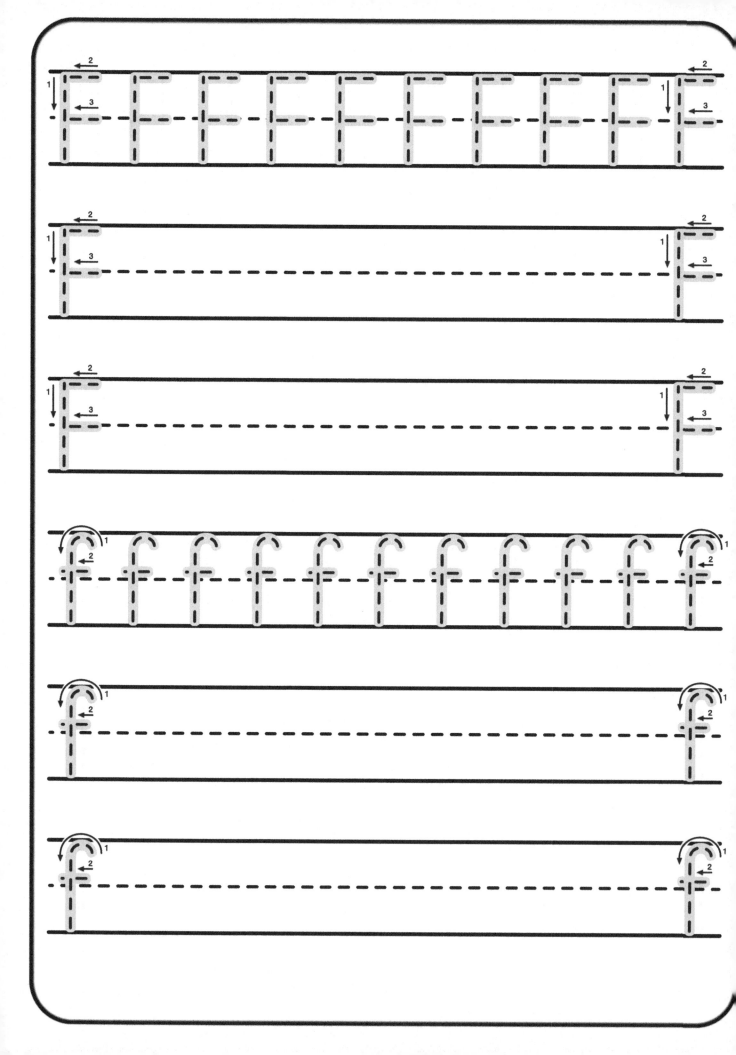

Goat

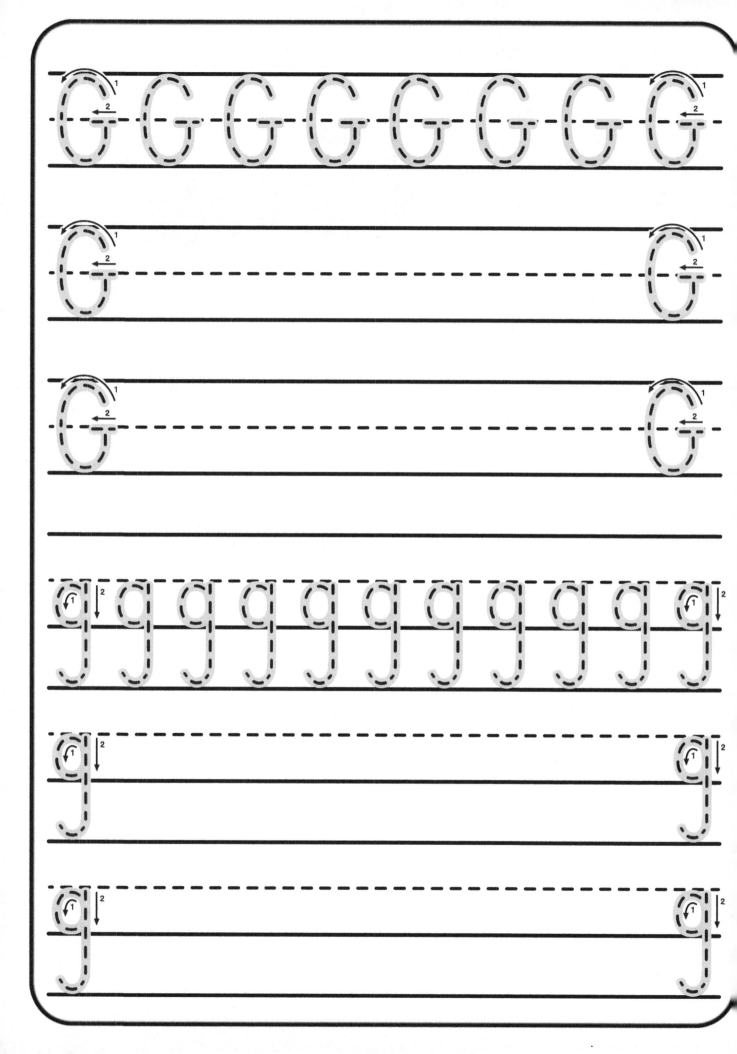

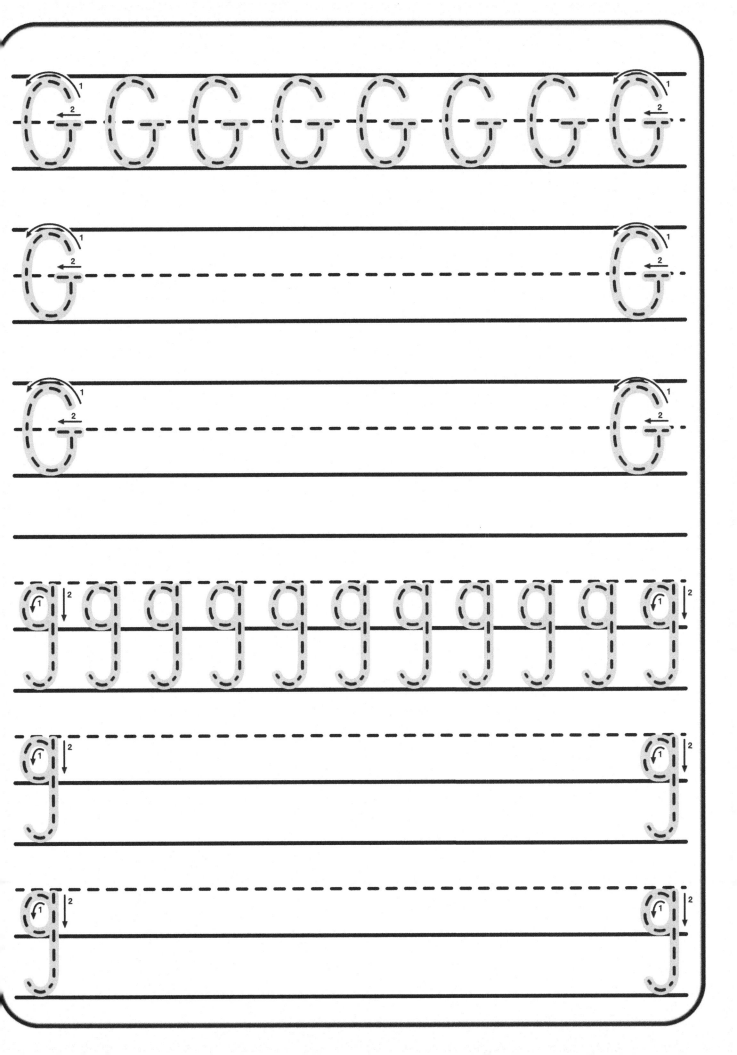

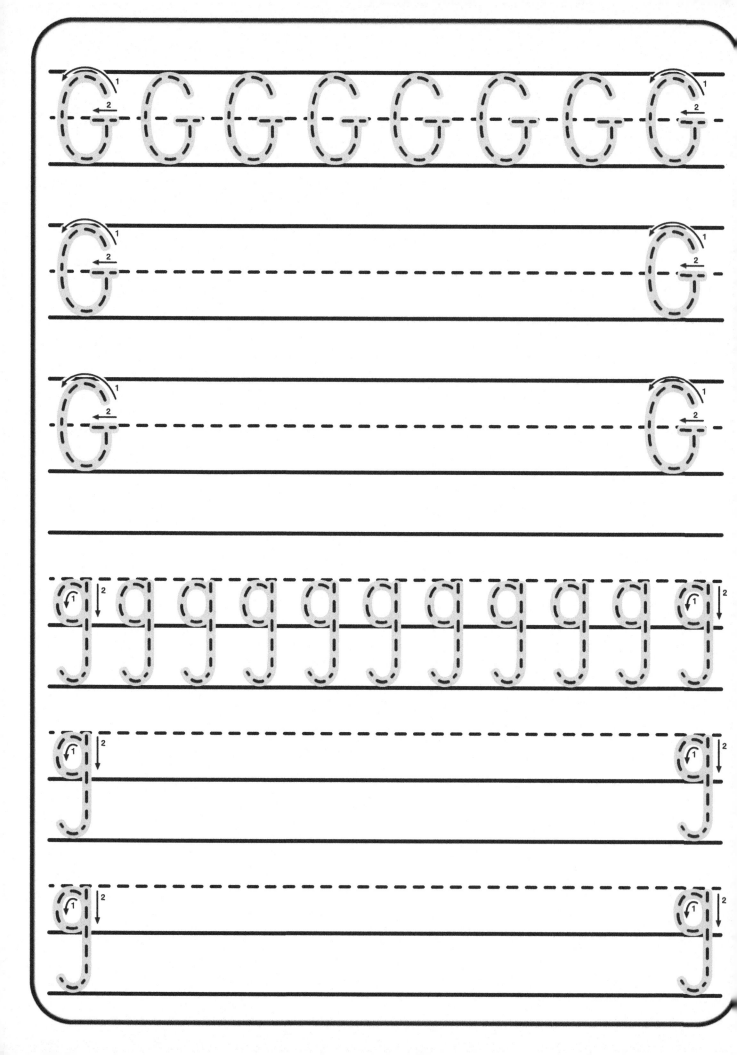

Hat

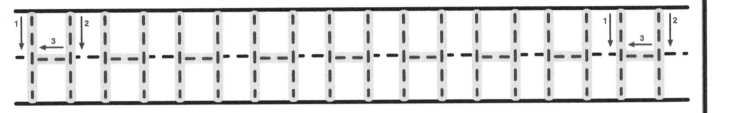

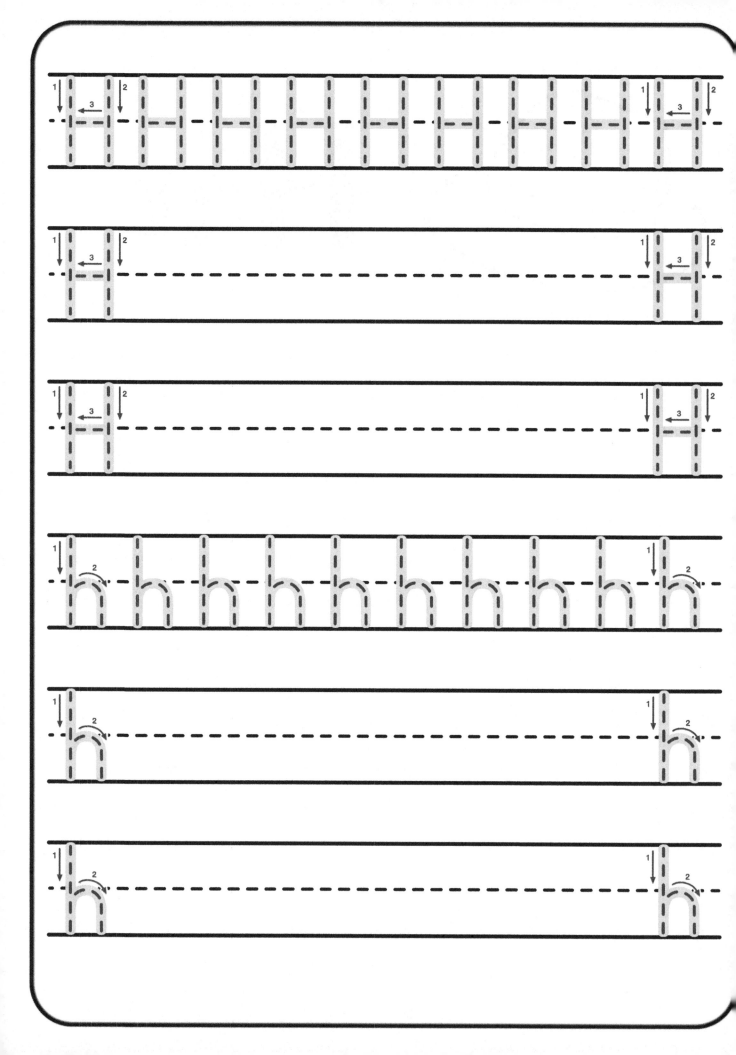

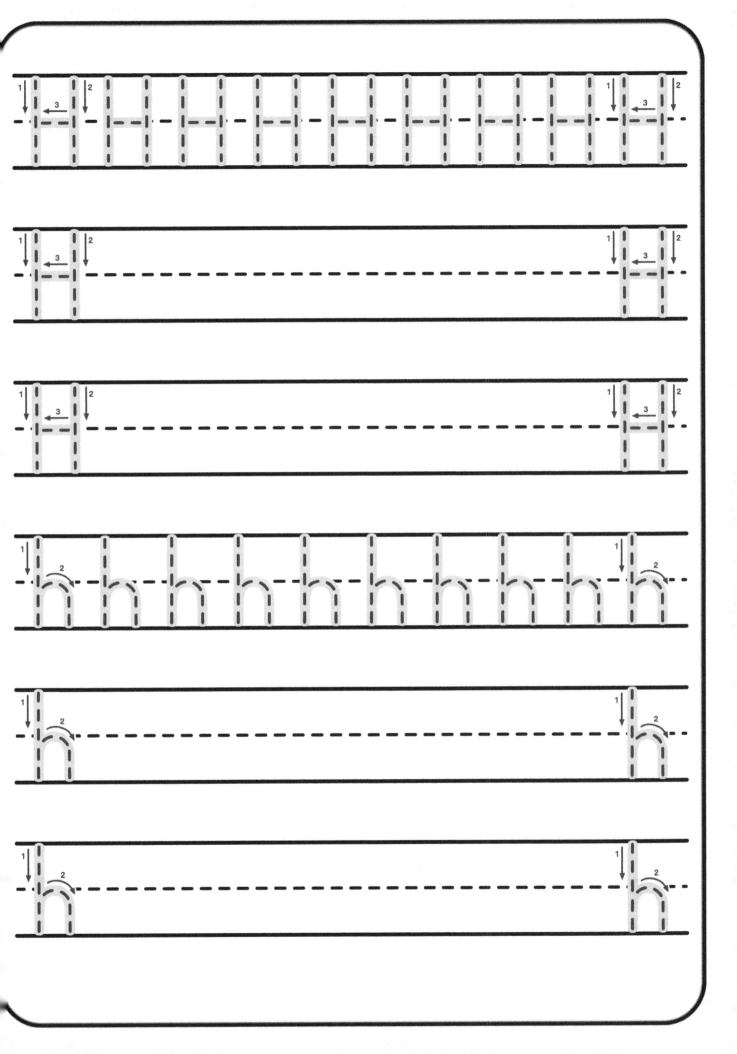

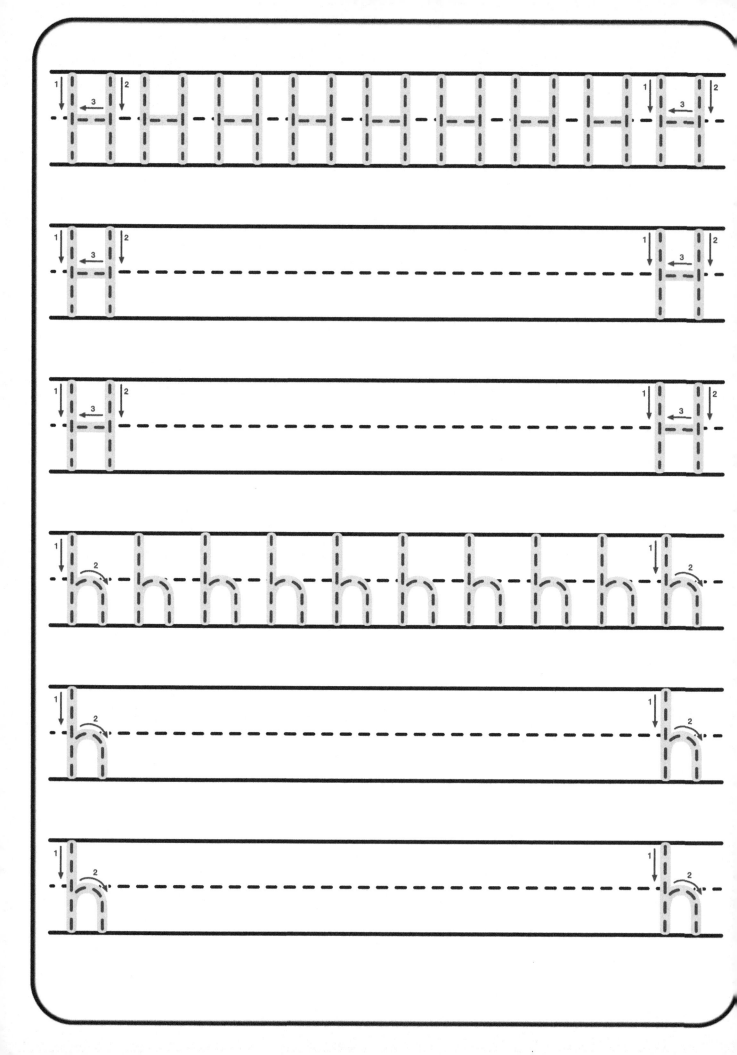

Insect

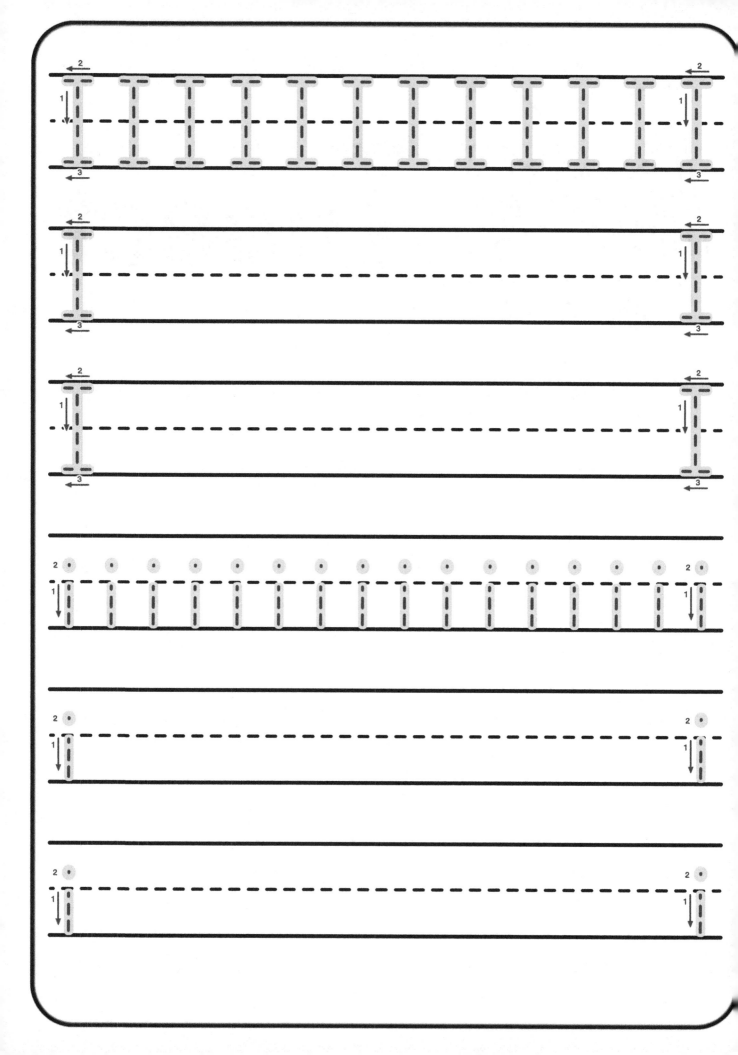

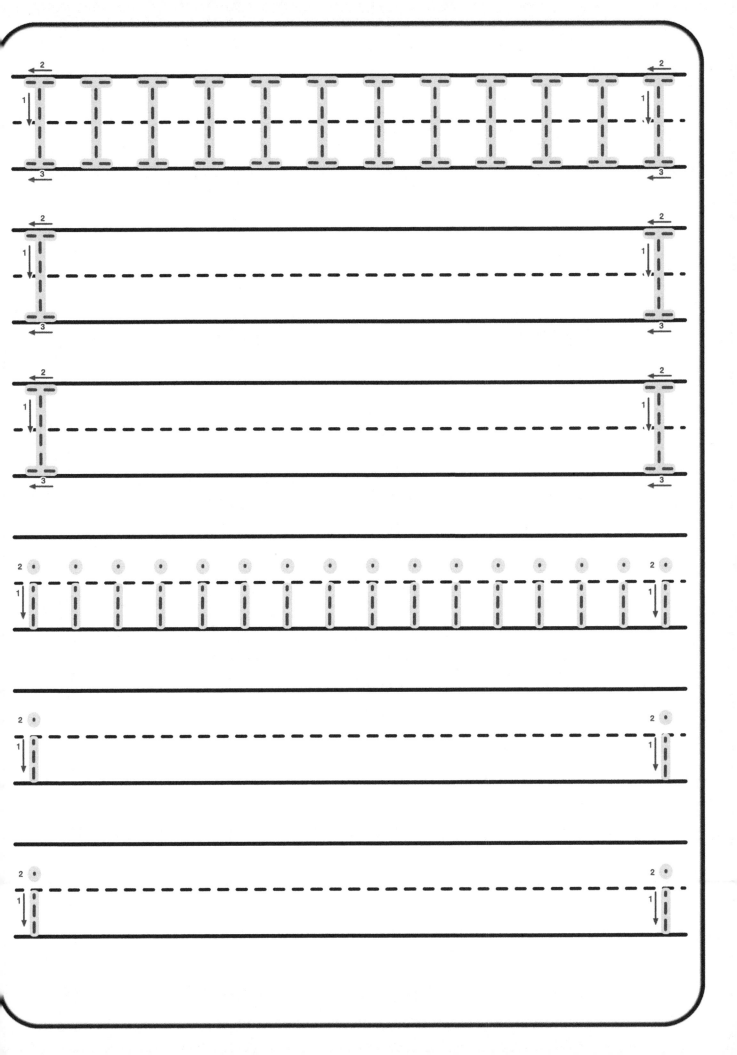

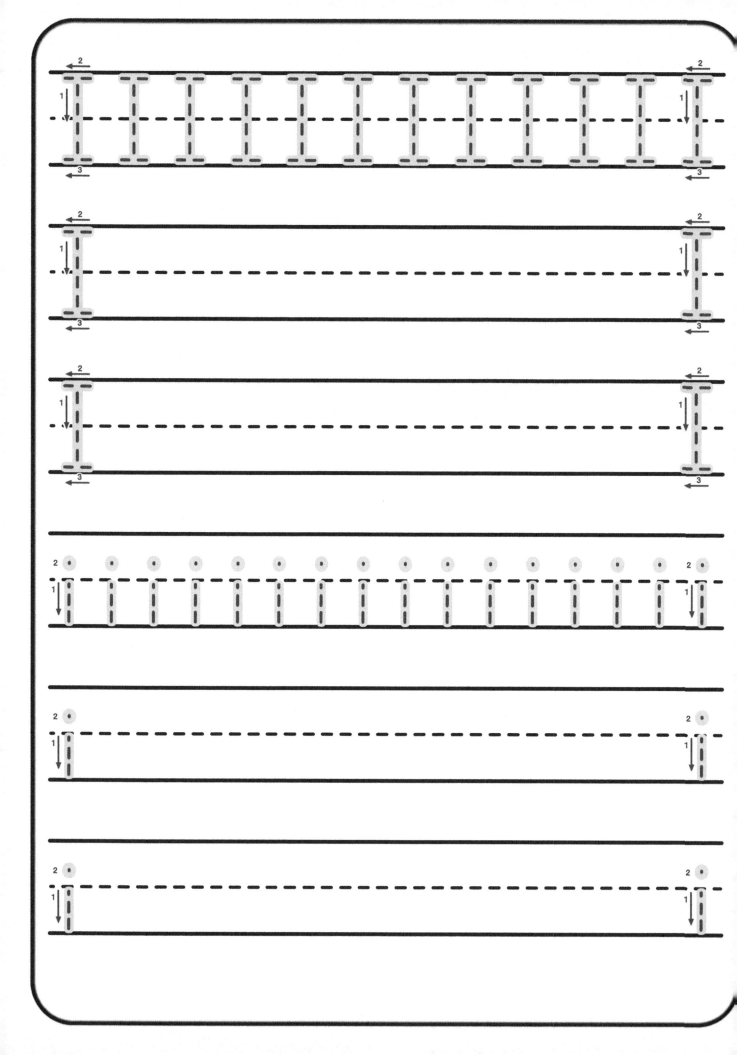

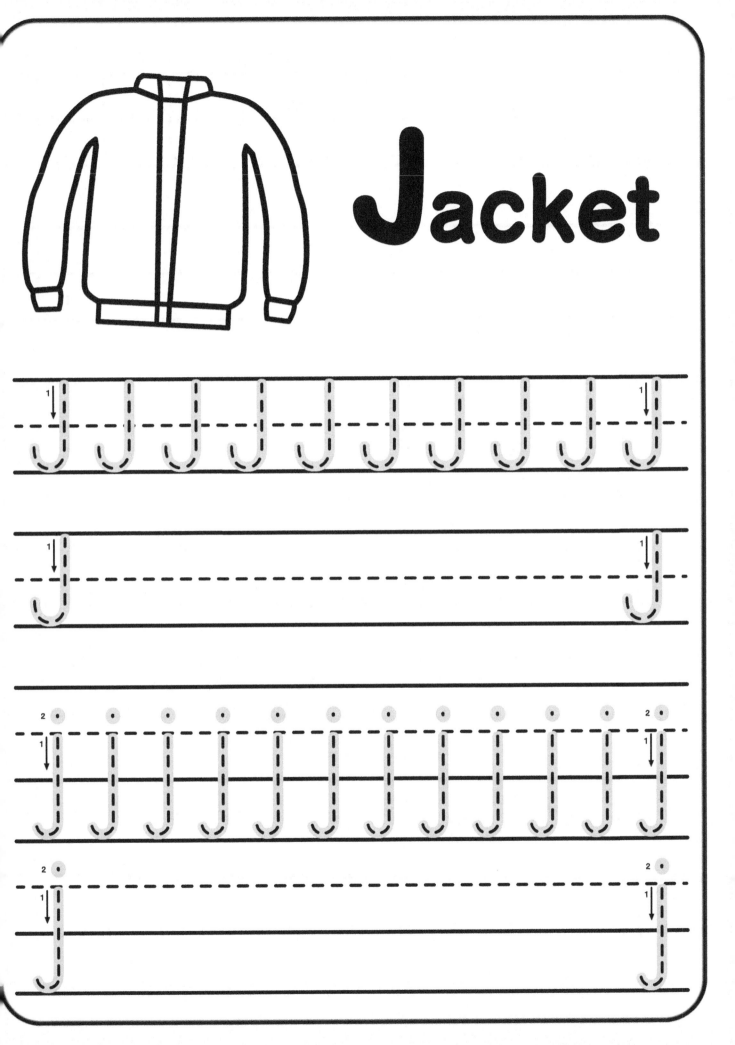

Jacket

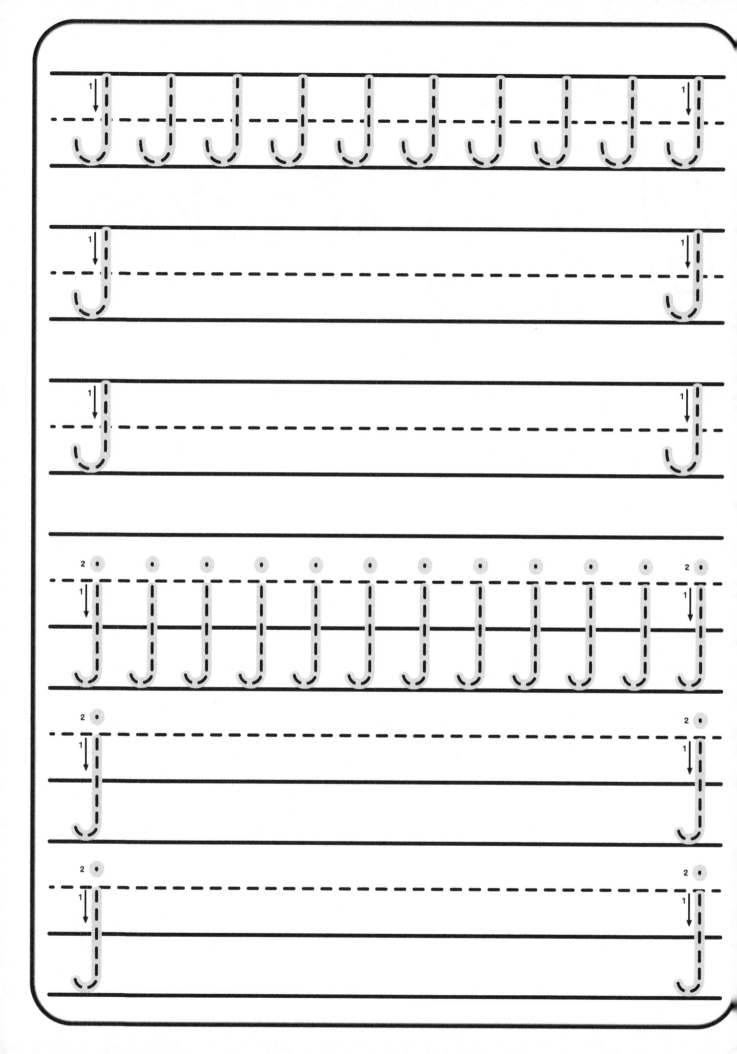

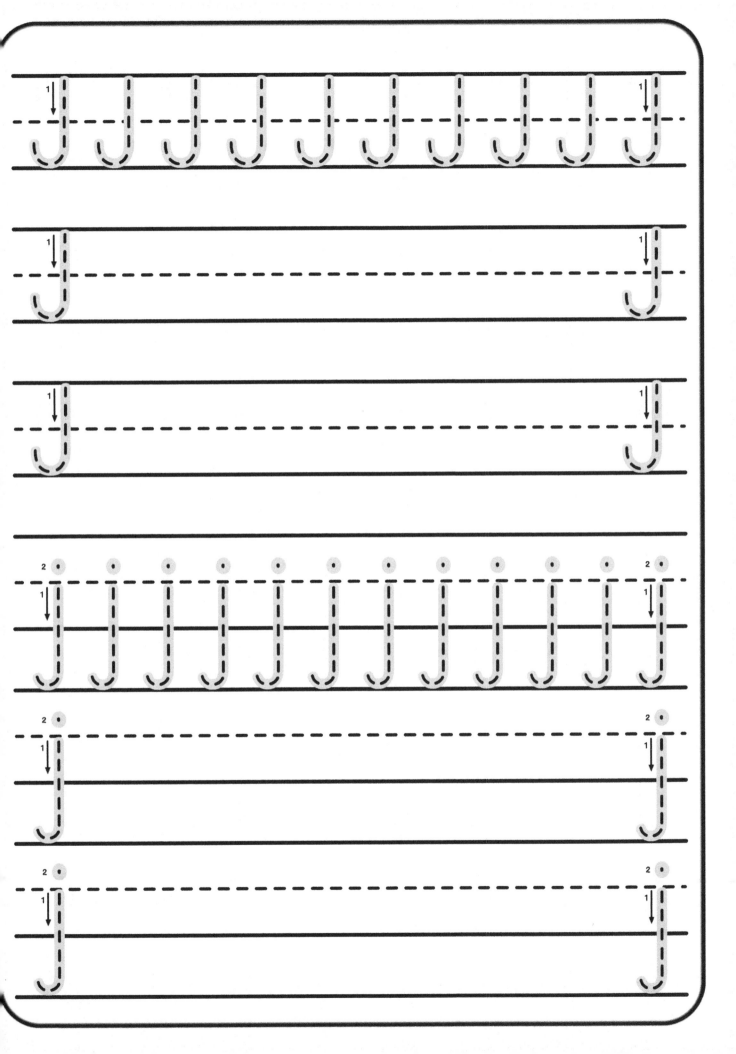

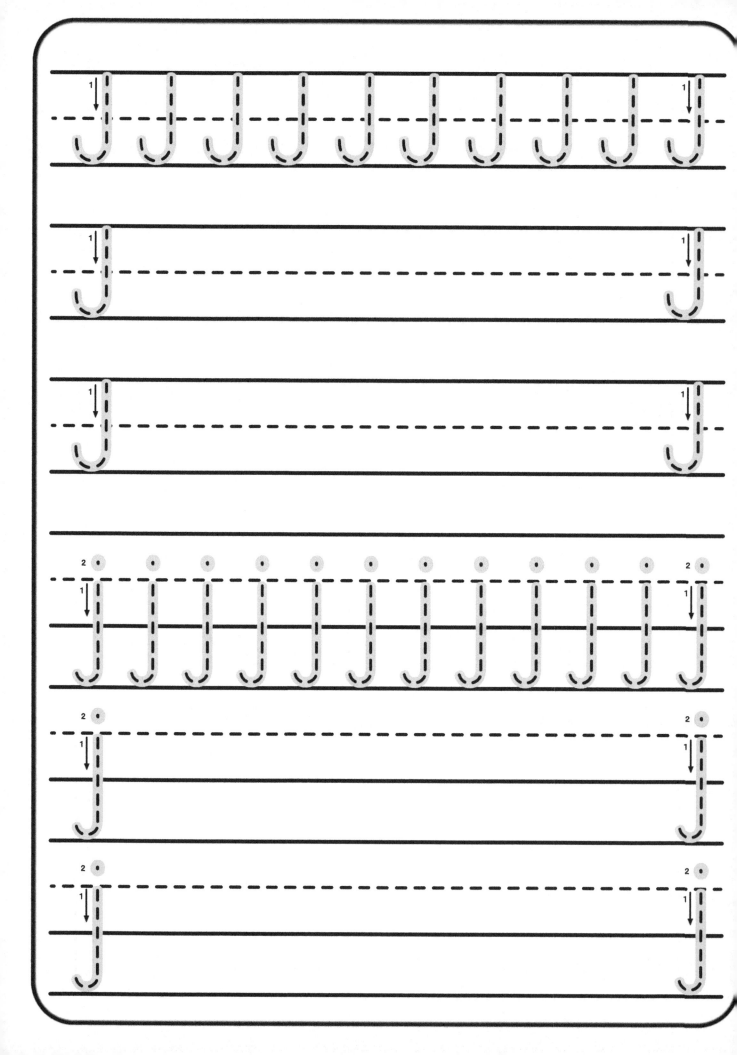

K Kangaroo

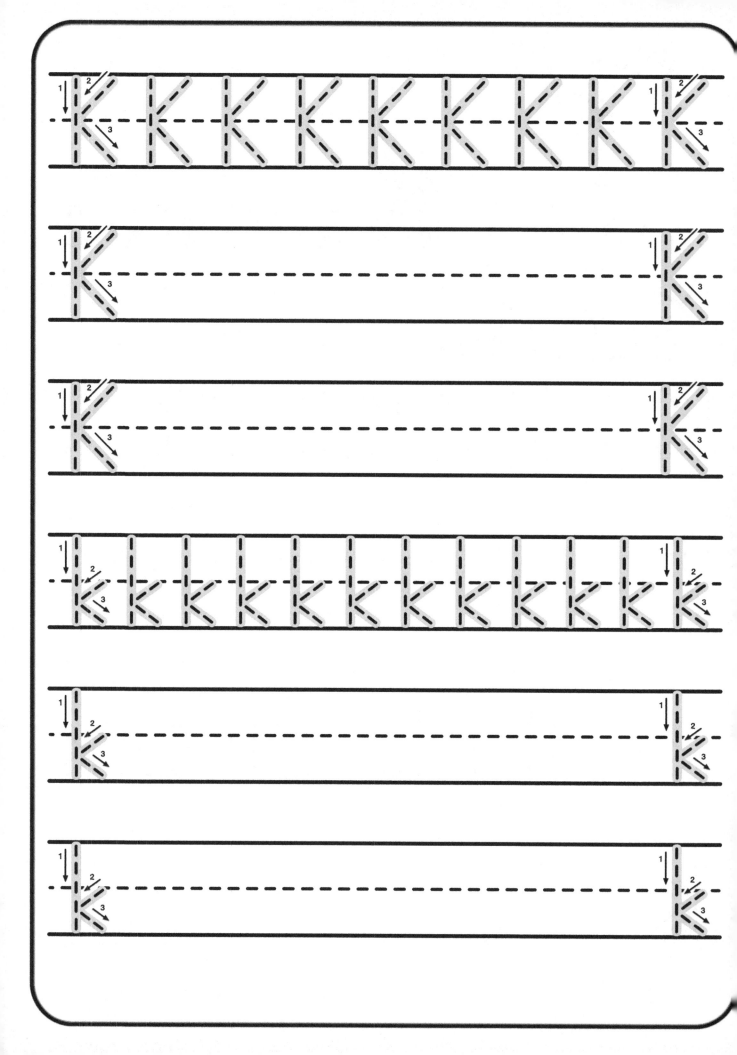

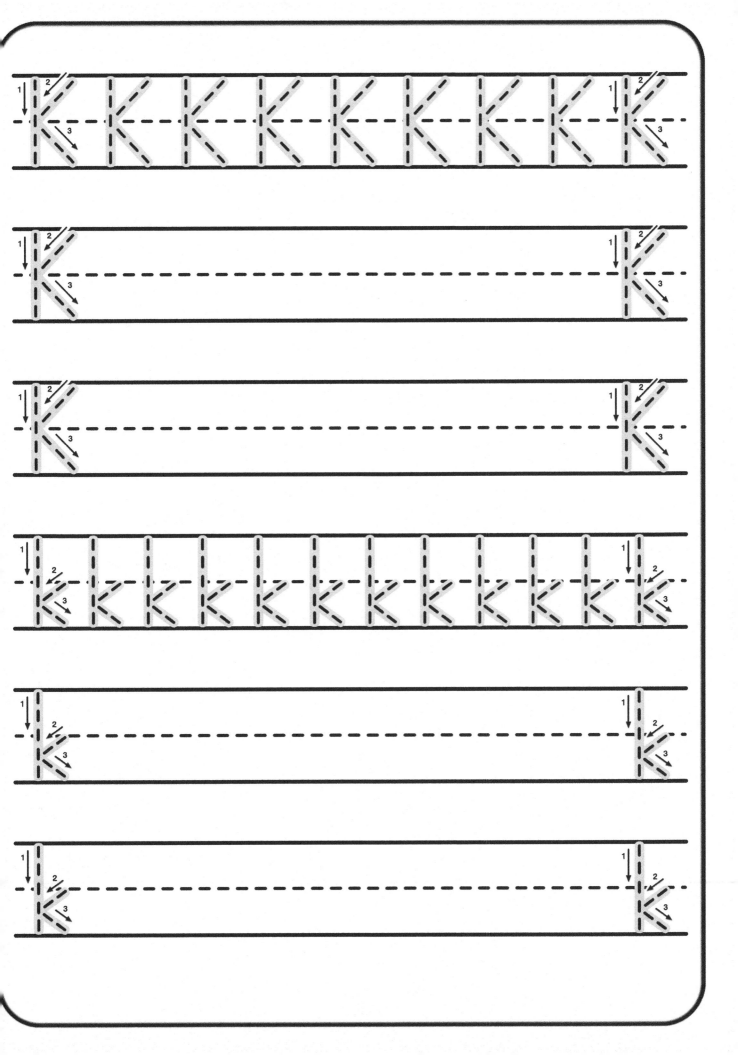

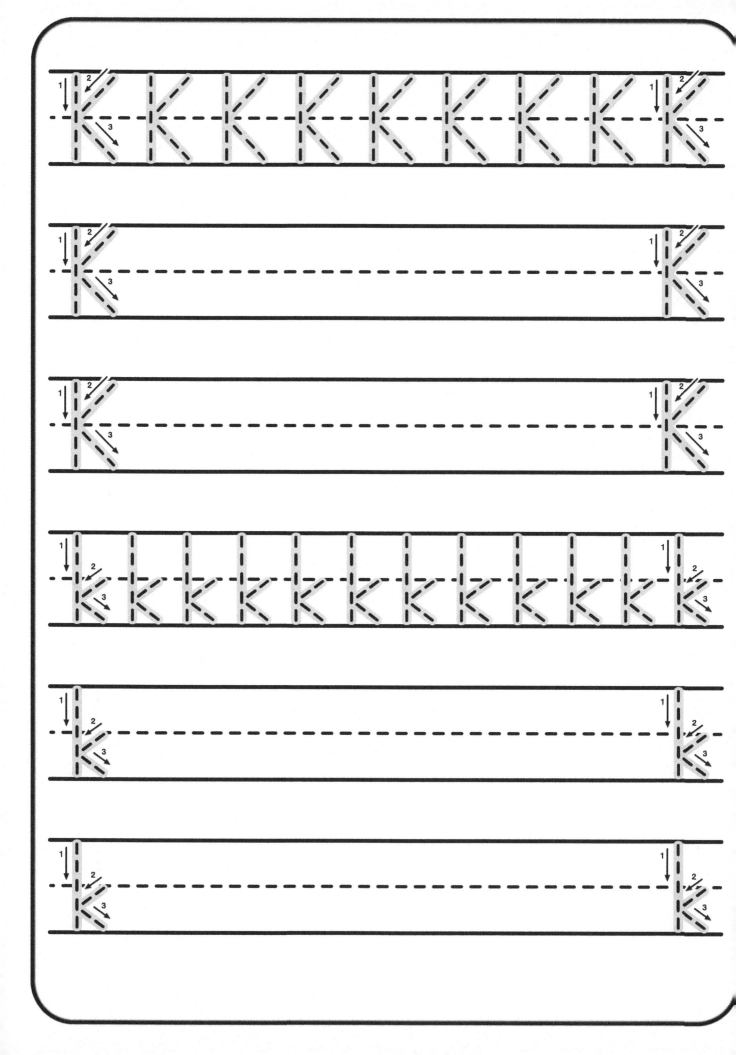

Leaf

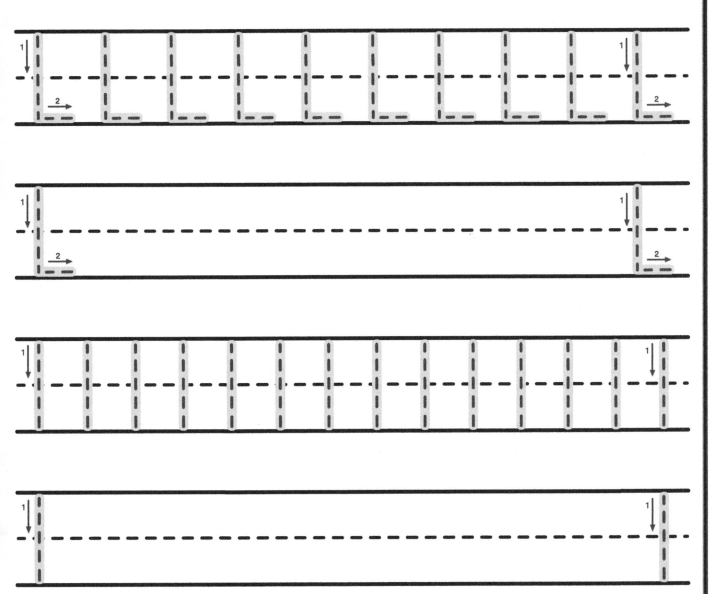

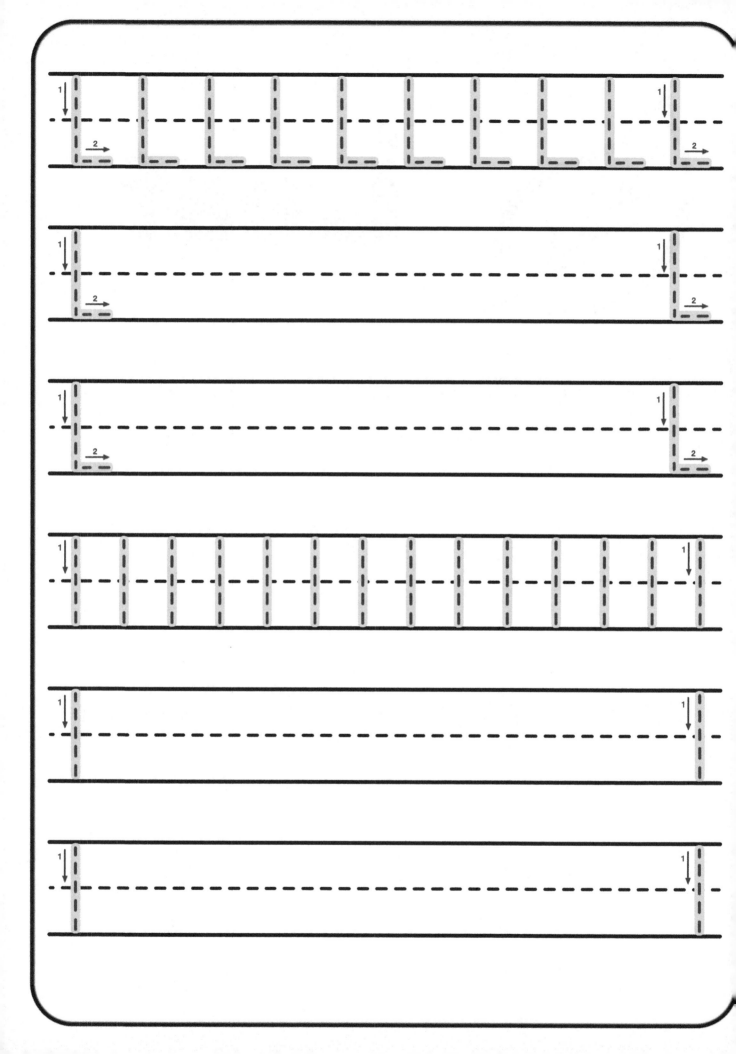

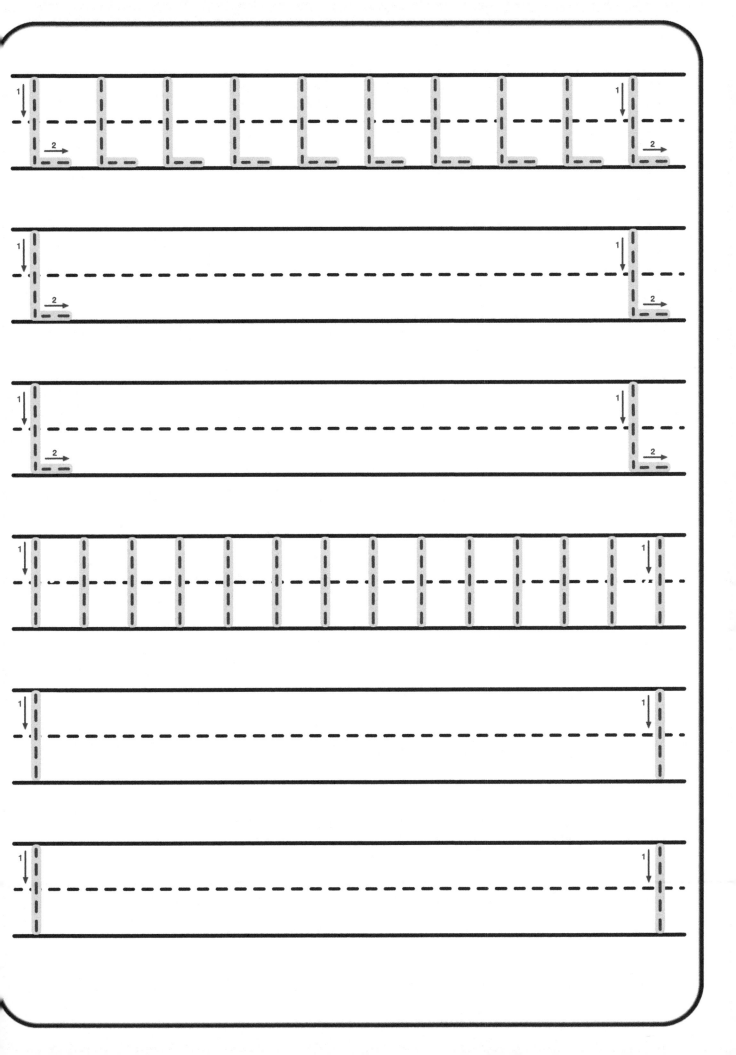

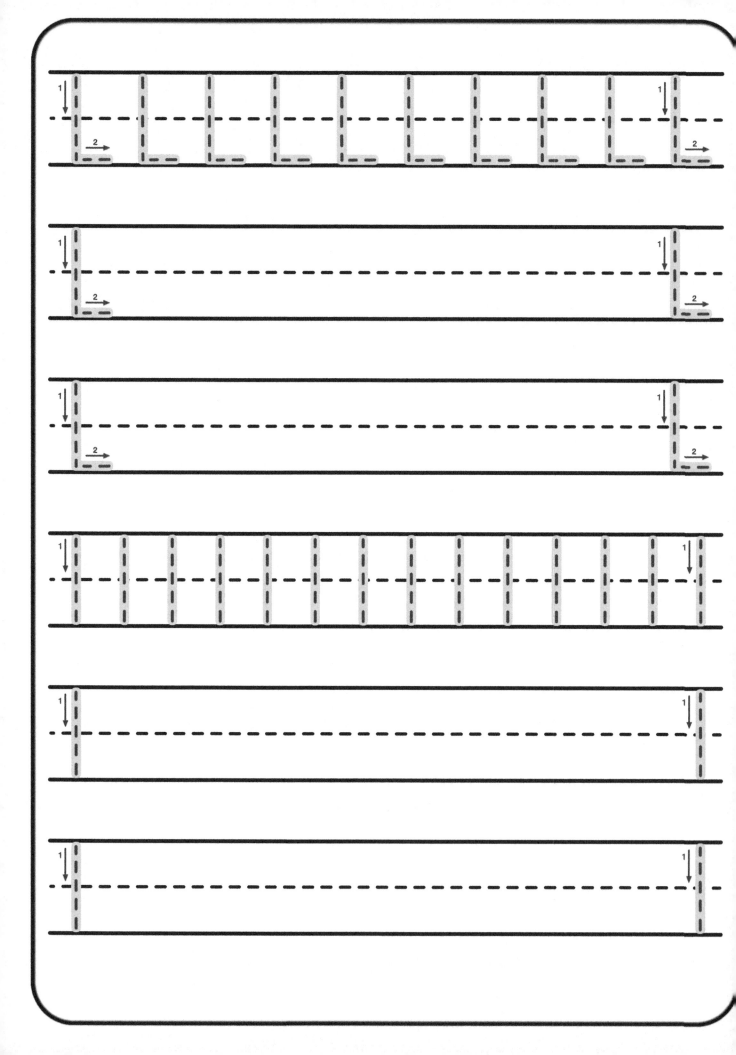

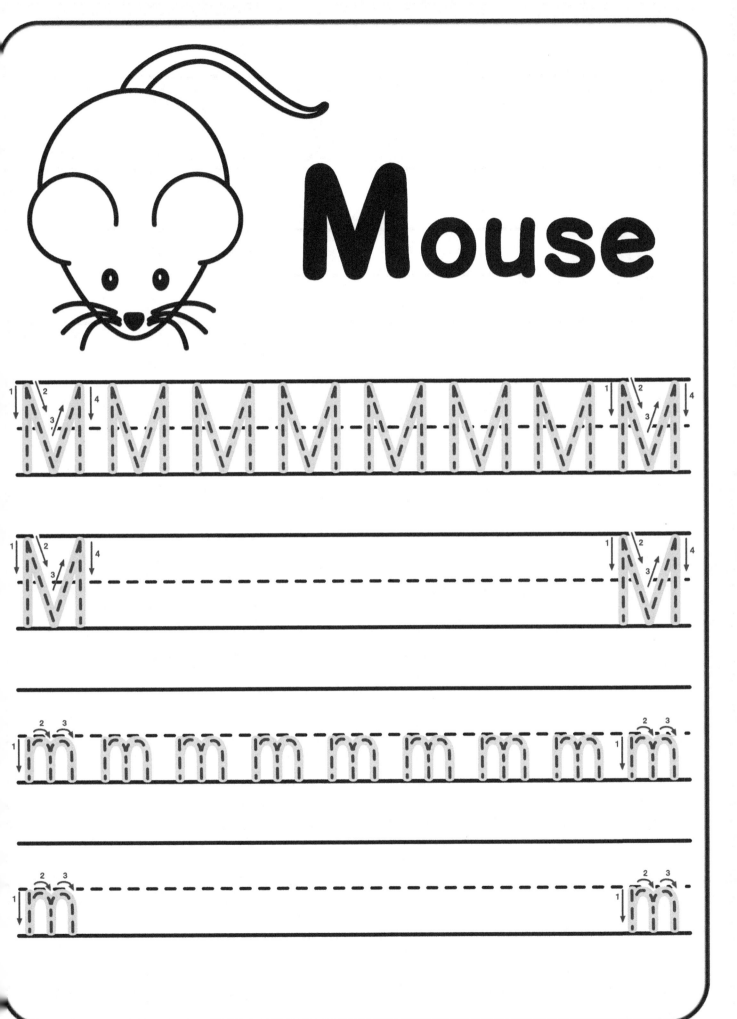

Mouse

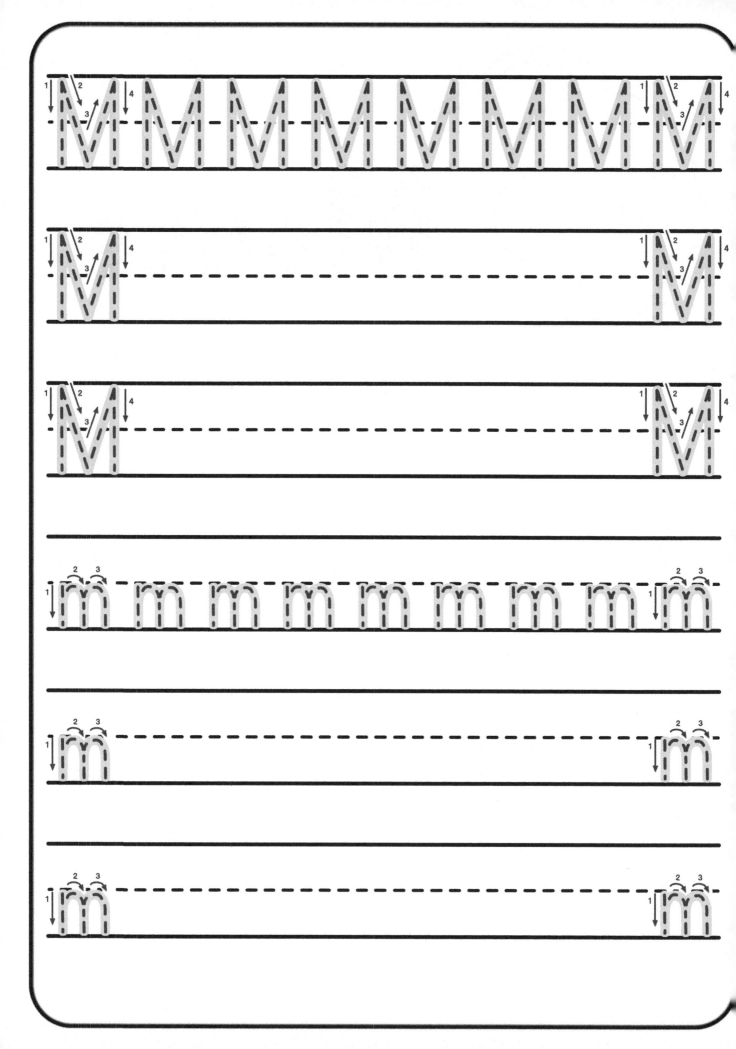

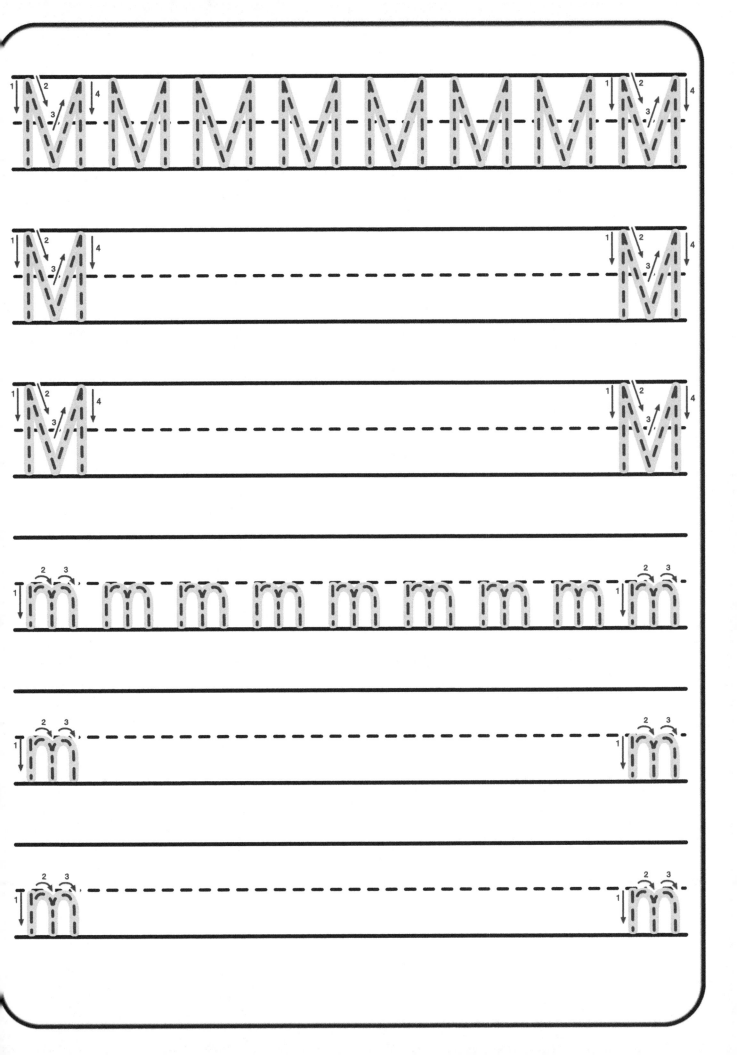

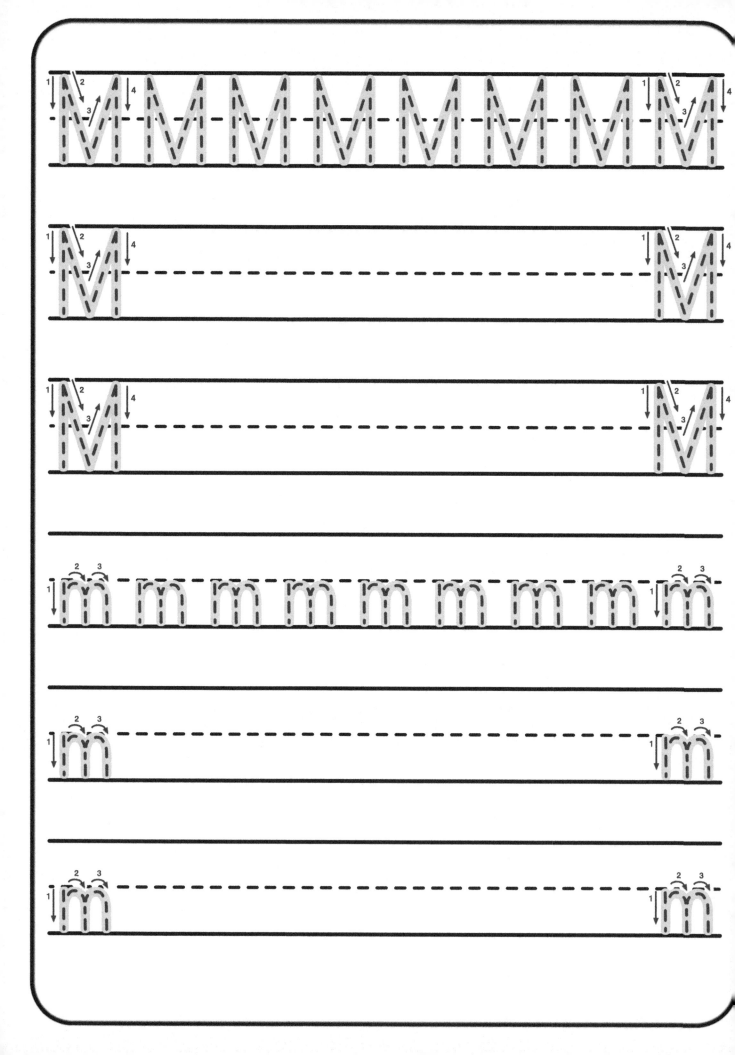

 # Note

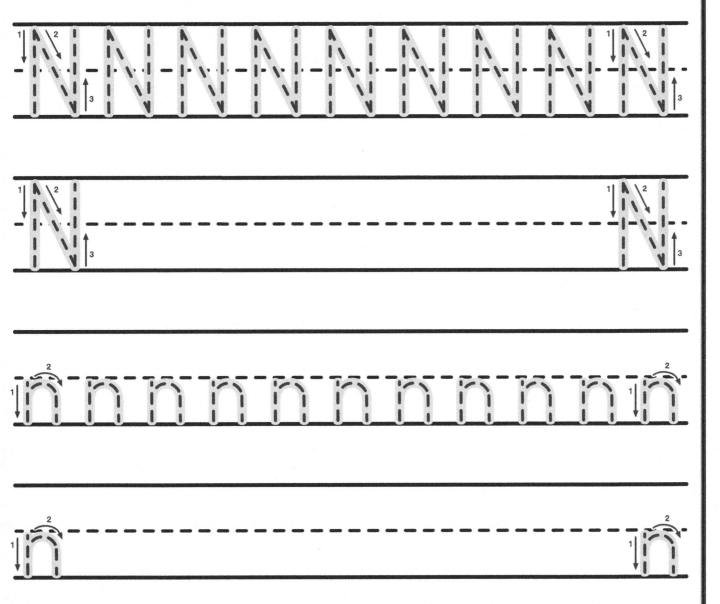

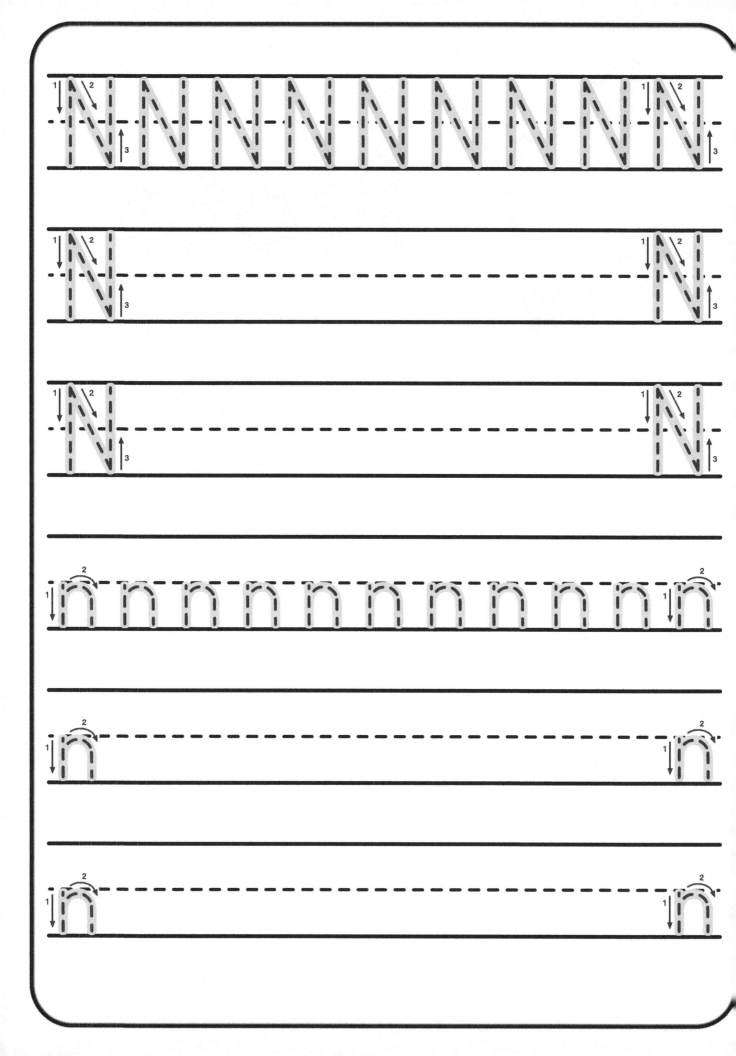

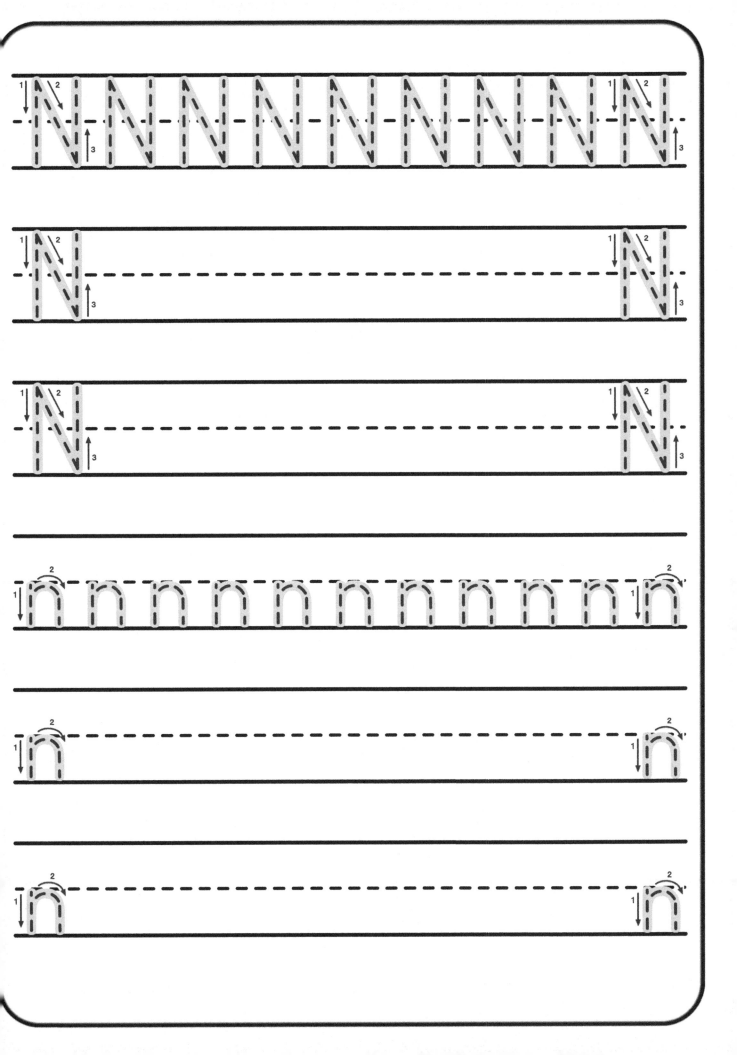

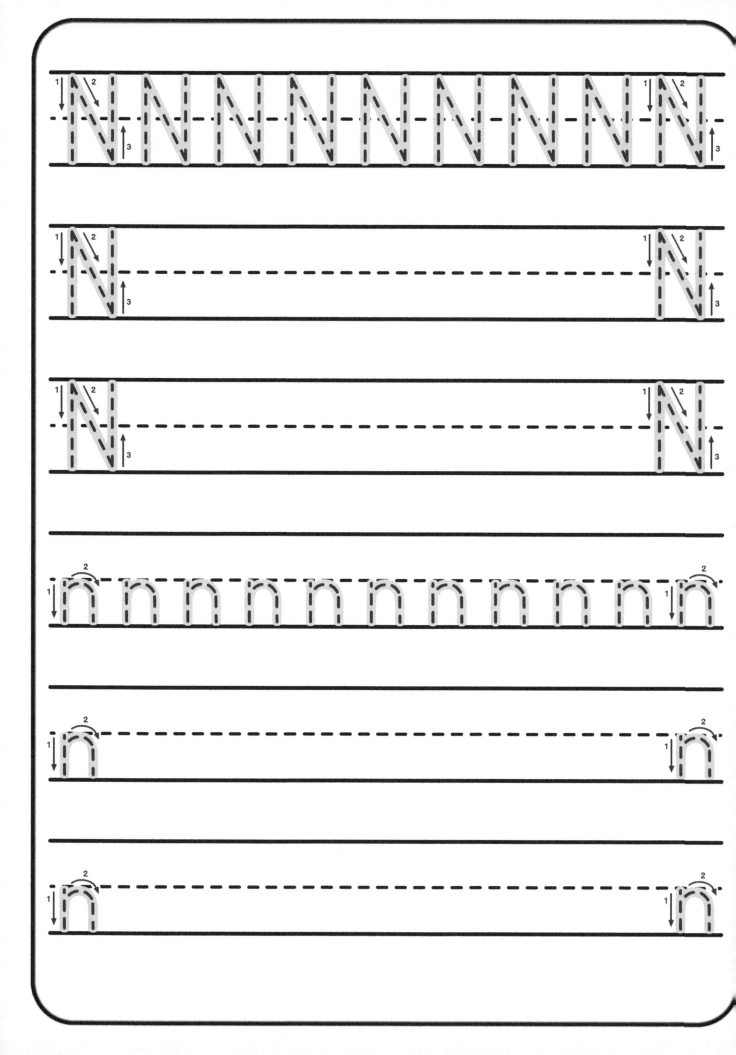

Owl

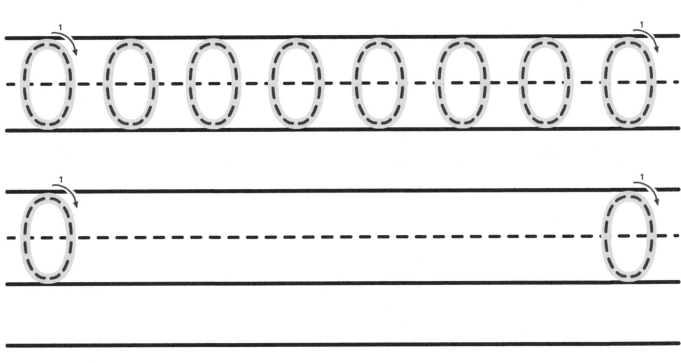

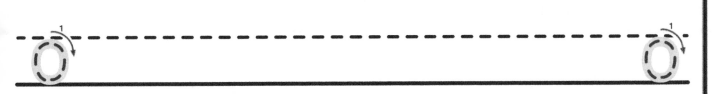

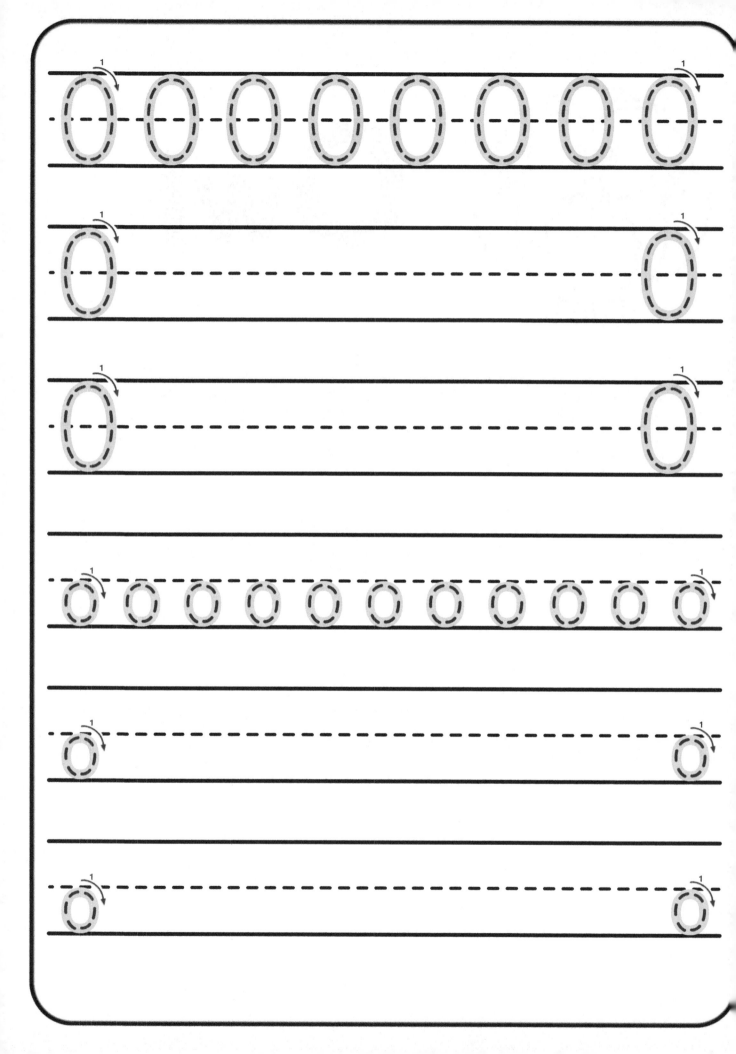

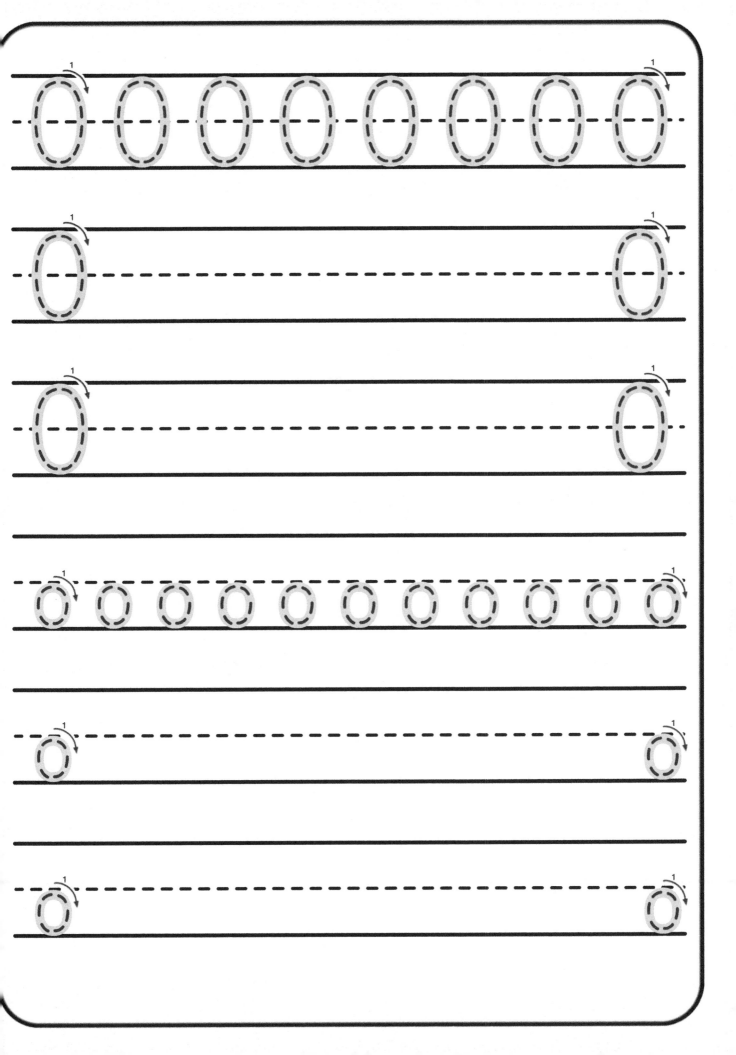

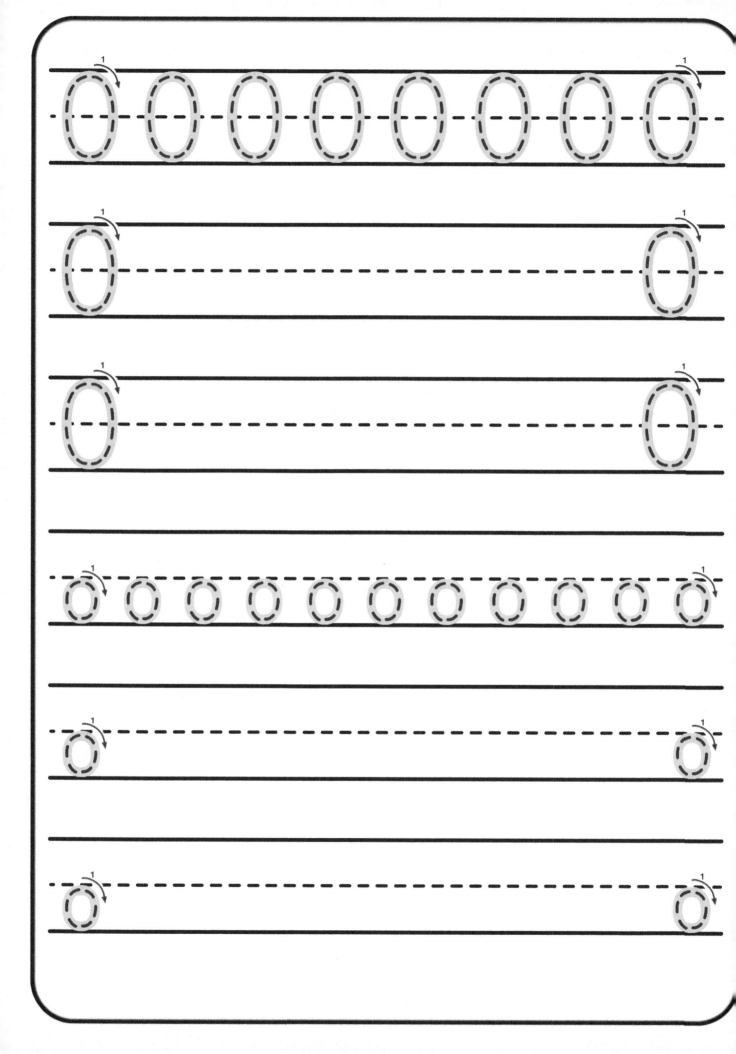

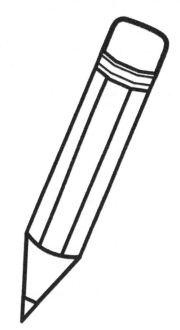

Pencil

P P P P P P P P P P P

P P

p p p p p p p p p p

p p

P P P P P P P P P P P

P P

P P

p p p p p p p p p p p

p p

p p

P P P P P P P P P P

P   P

P   P

p p p p p p p p p p

p   p

p   p

P P P P P P P P P P

P   P

P   P

p p p p p p p p p p

p   p

p   p

Queen

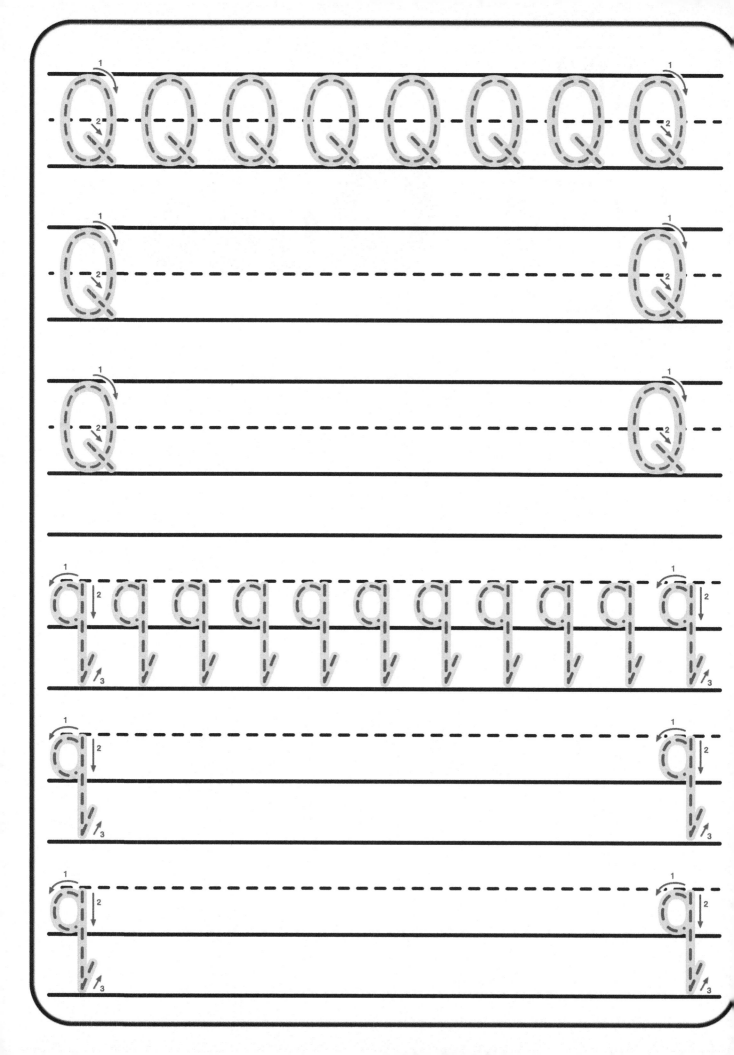

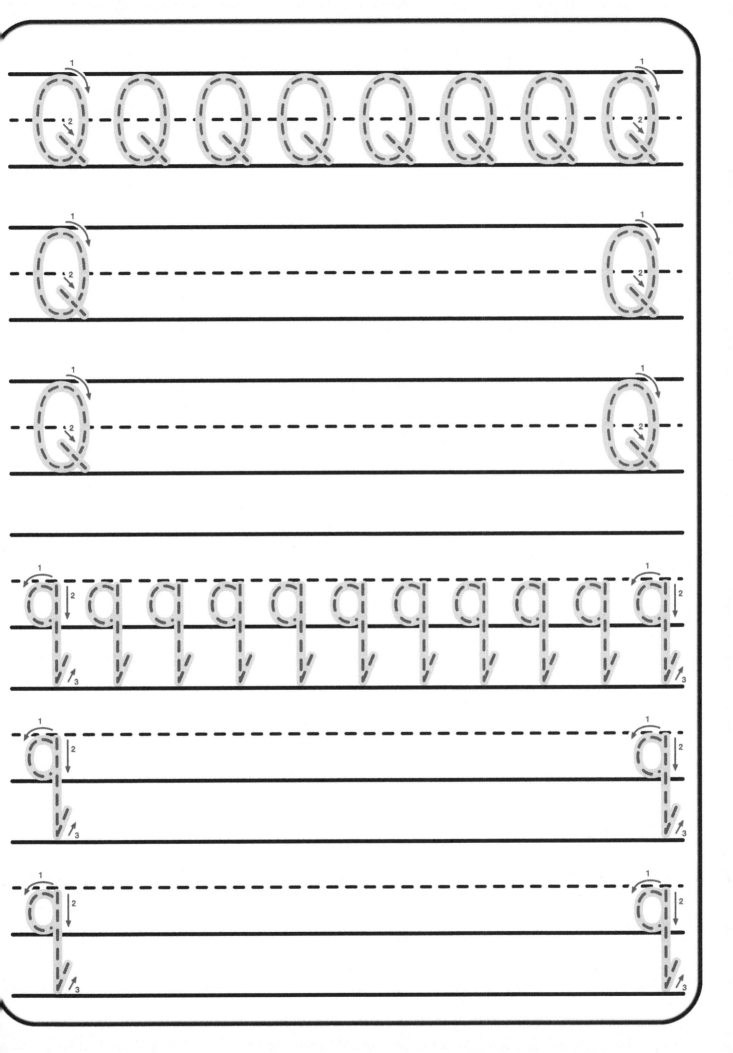

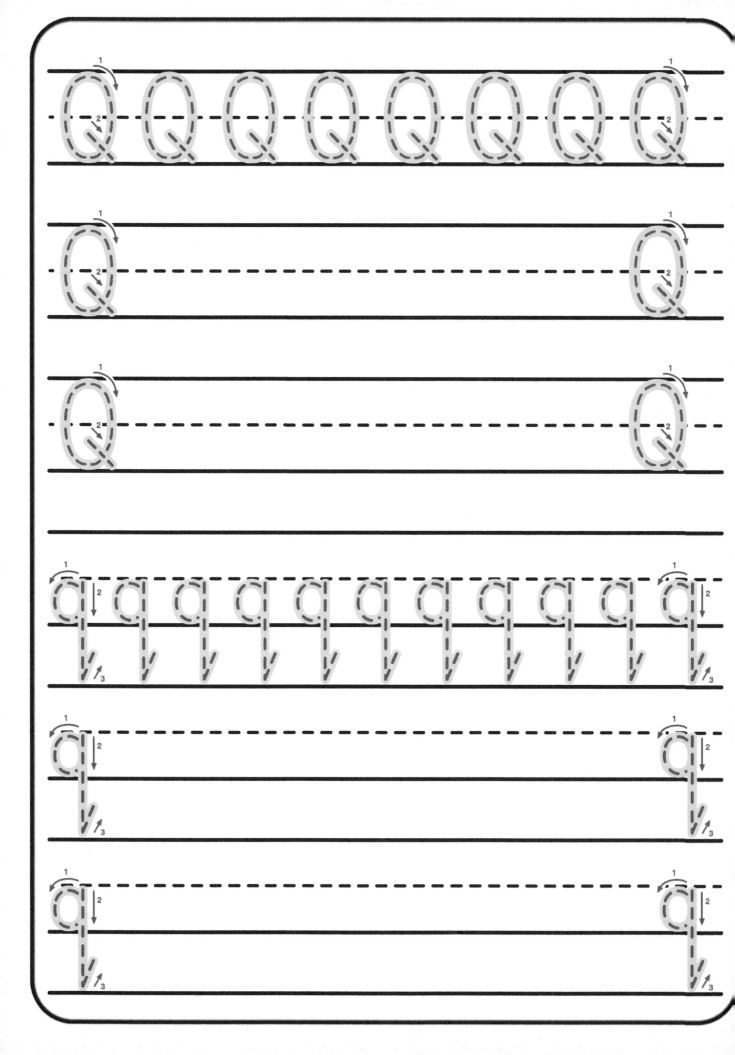

Rhino

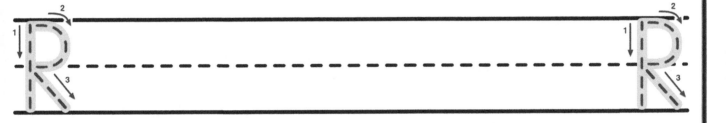

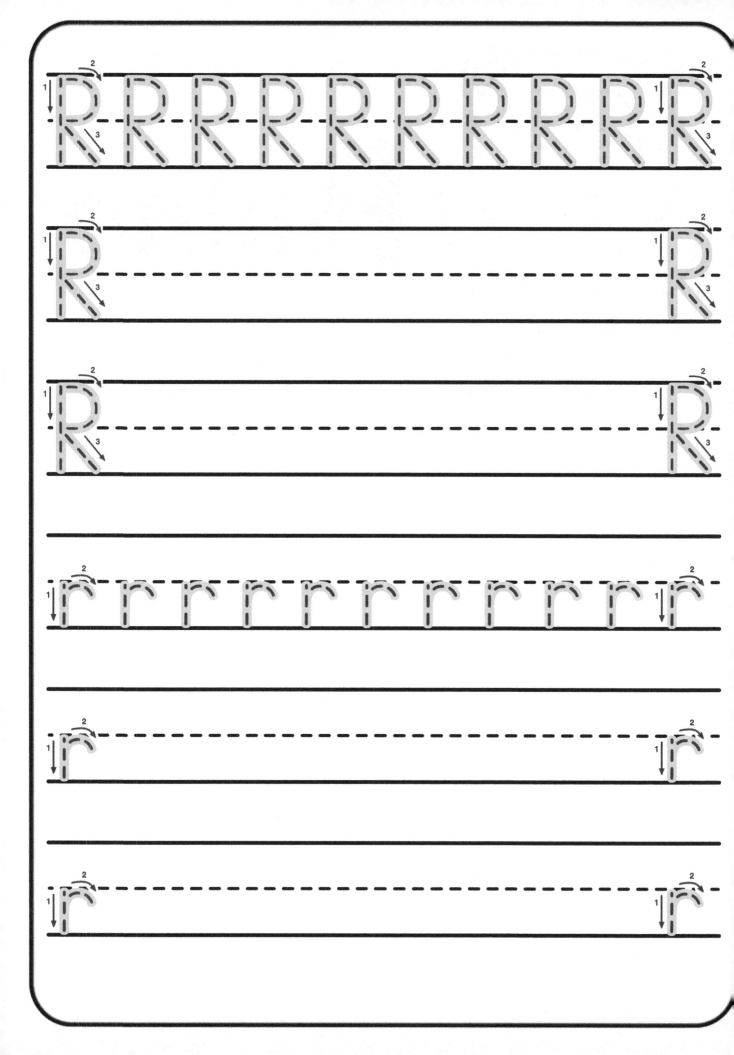

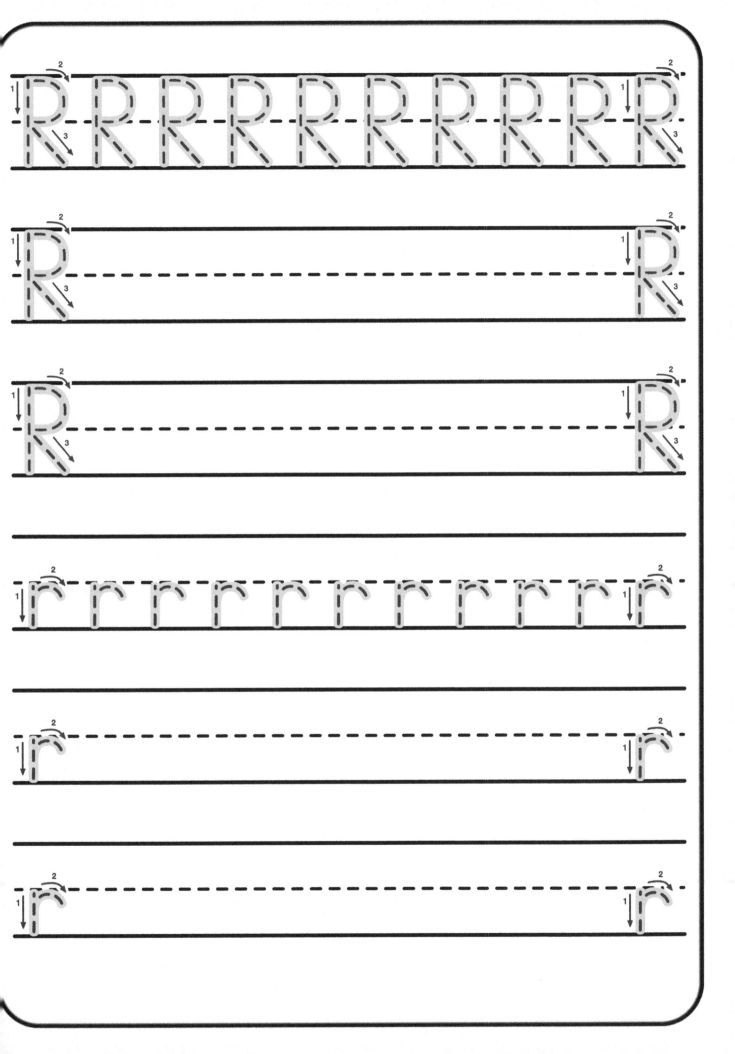

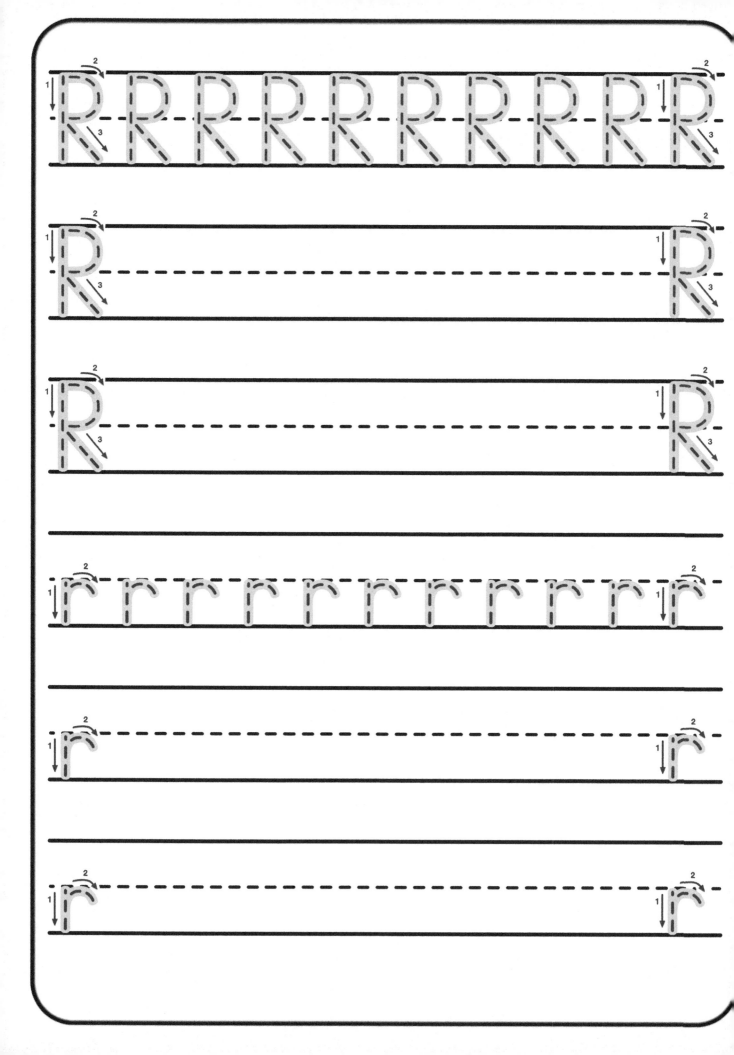

Snow

S S S S S S S S S

S   S

S   S

s s s s s s s s s s

s   s

s   s

S S S S S S S S S

S S

S S

S S S S S S S S S S

S S

S S

SSSSSSSS

S   S

S   S

SSSSSSSSSS

S   S

S   S

Turtle

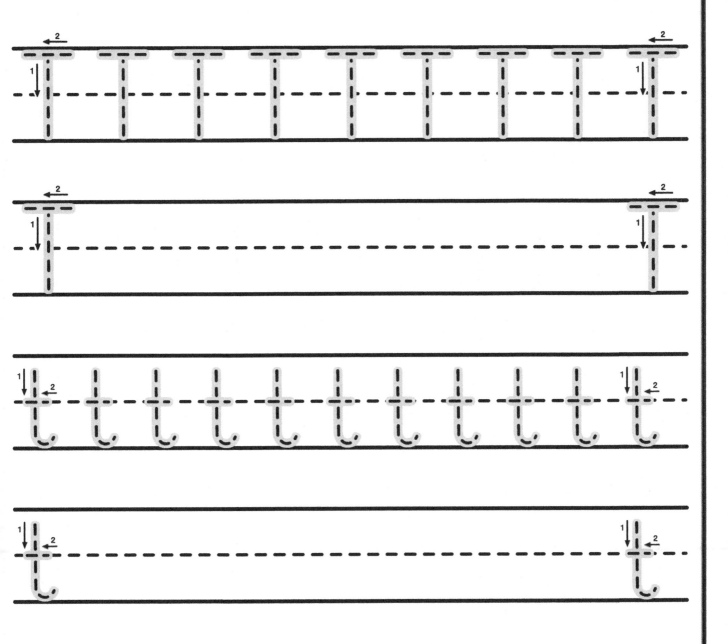

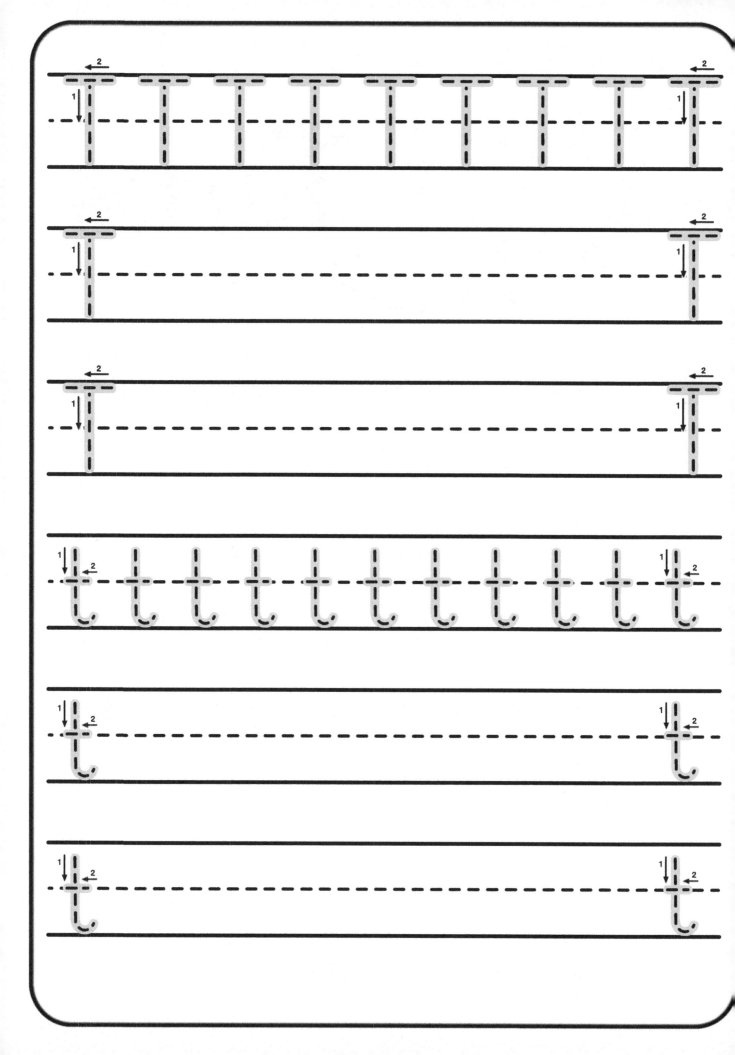

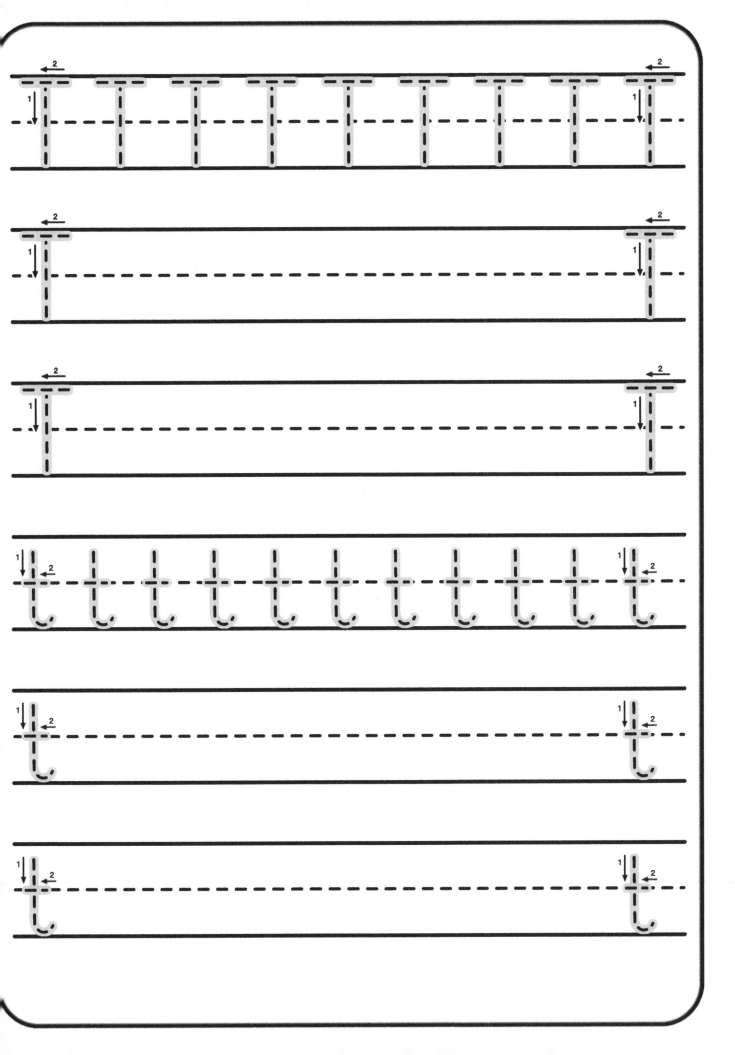

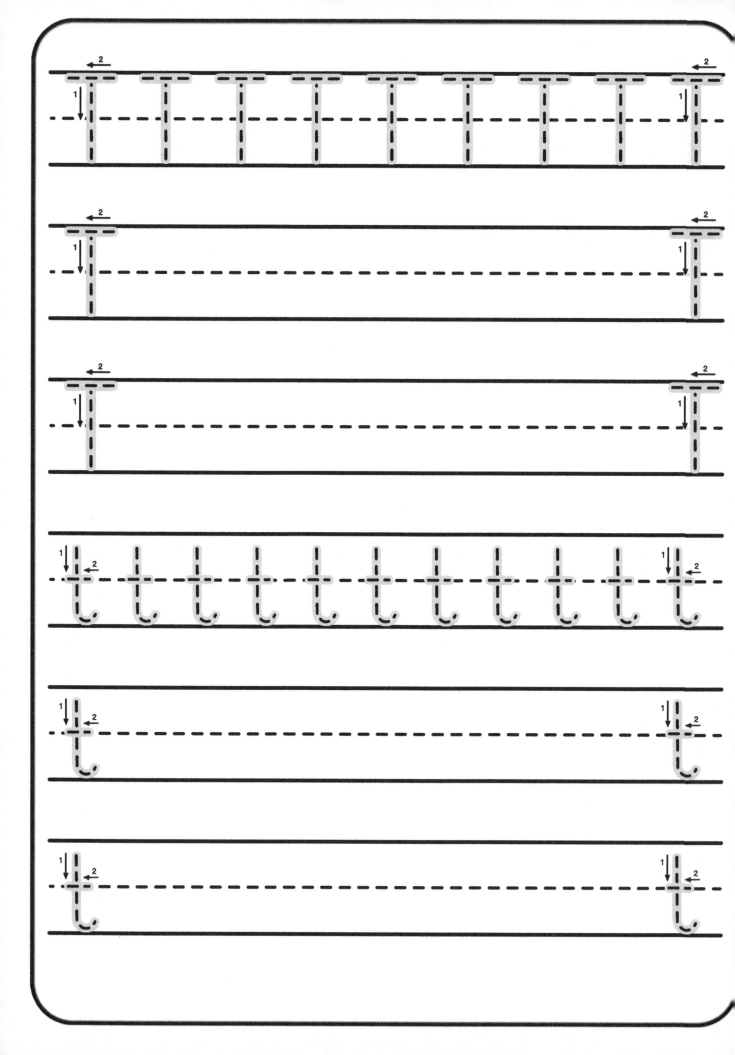

Umbrella

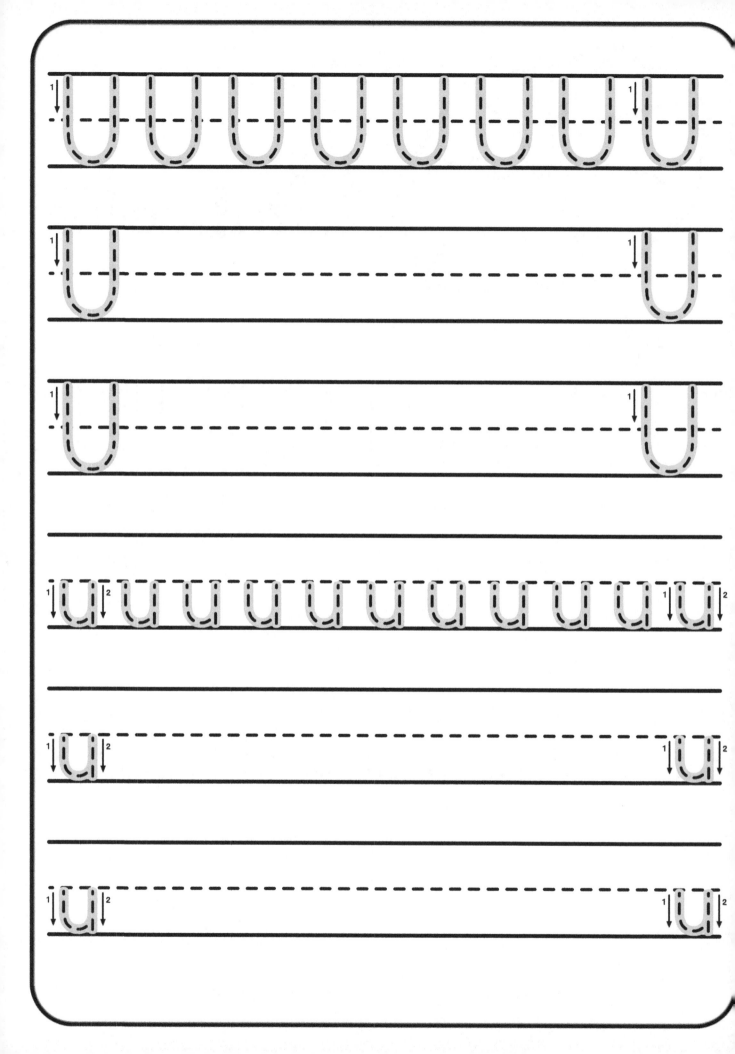

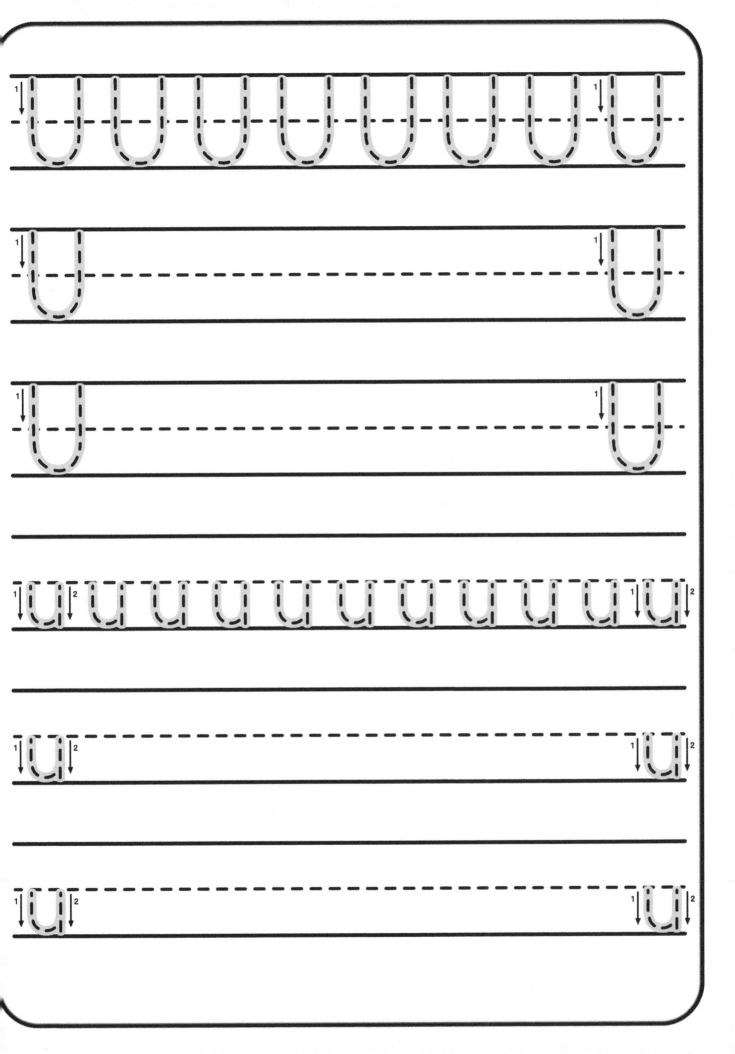

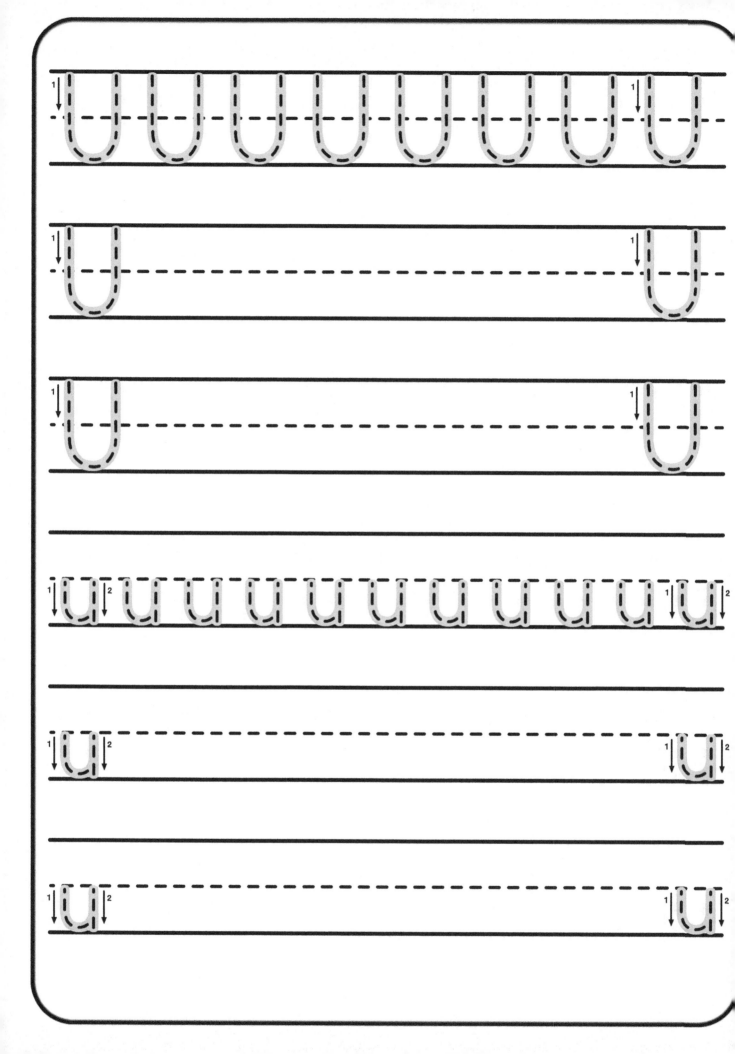

Vase

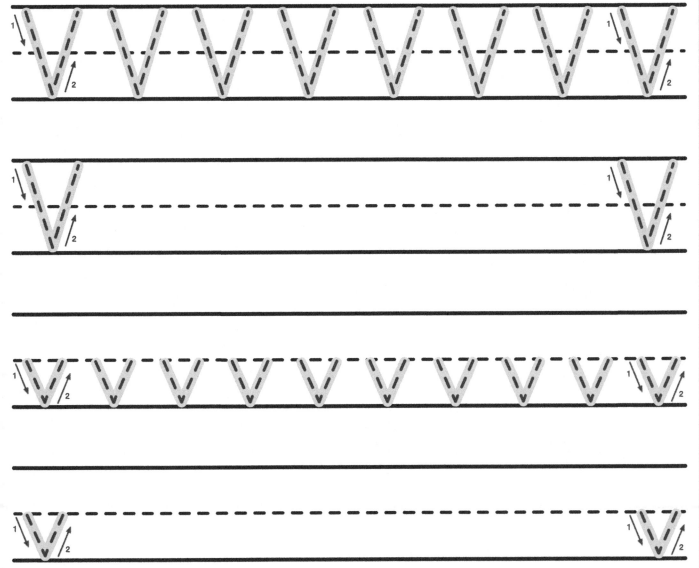

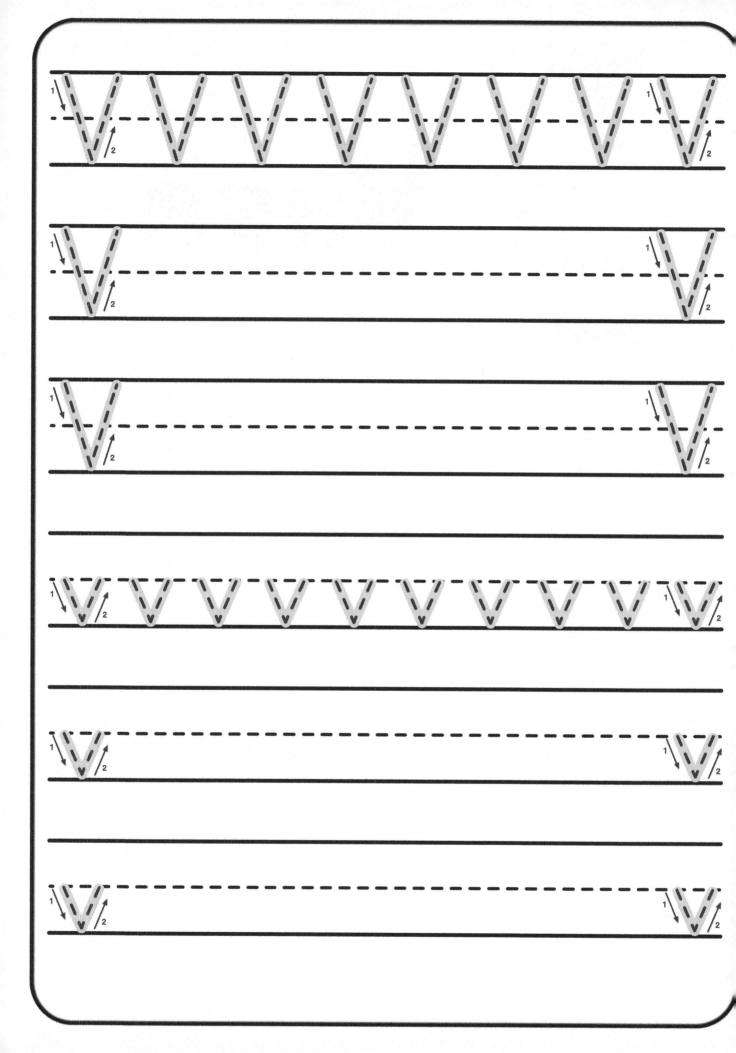

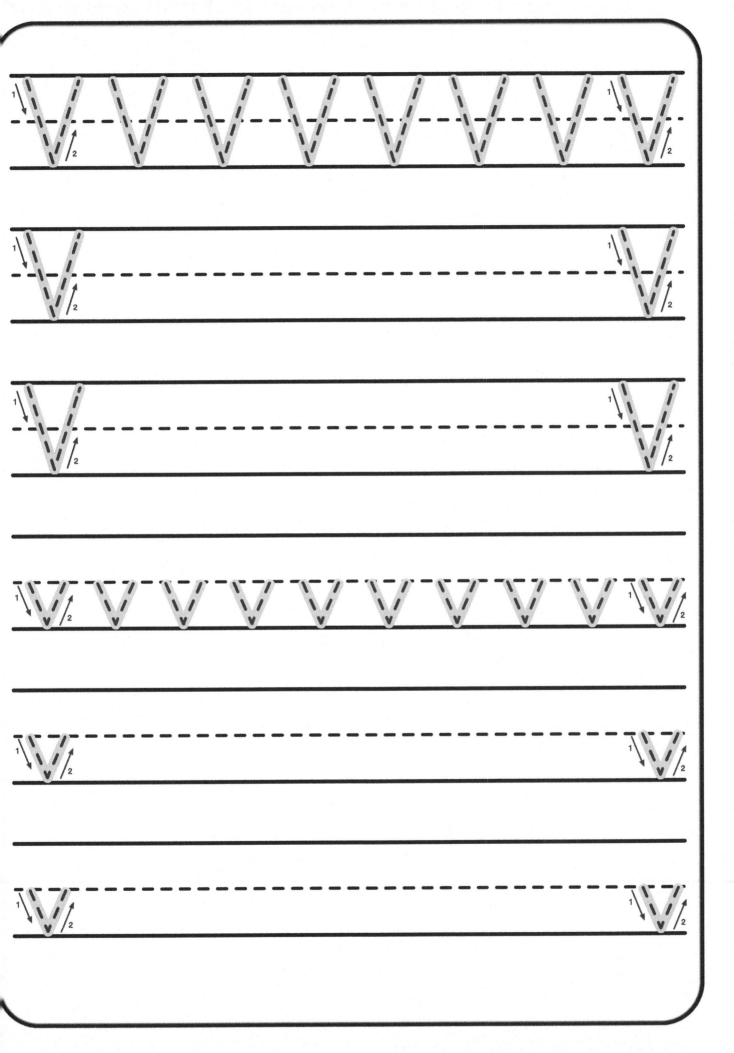

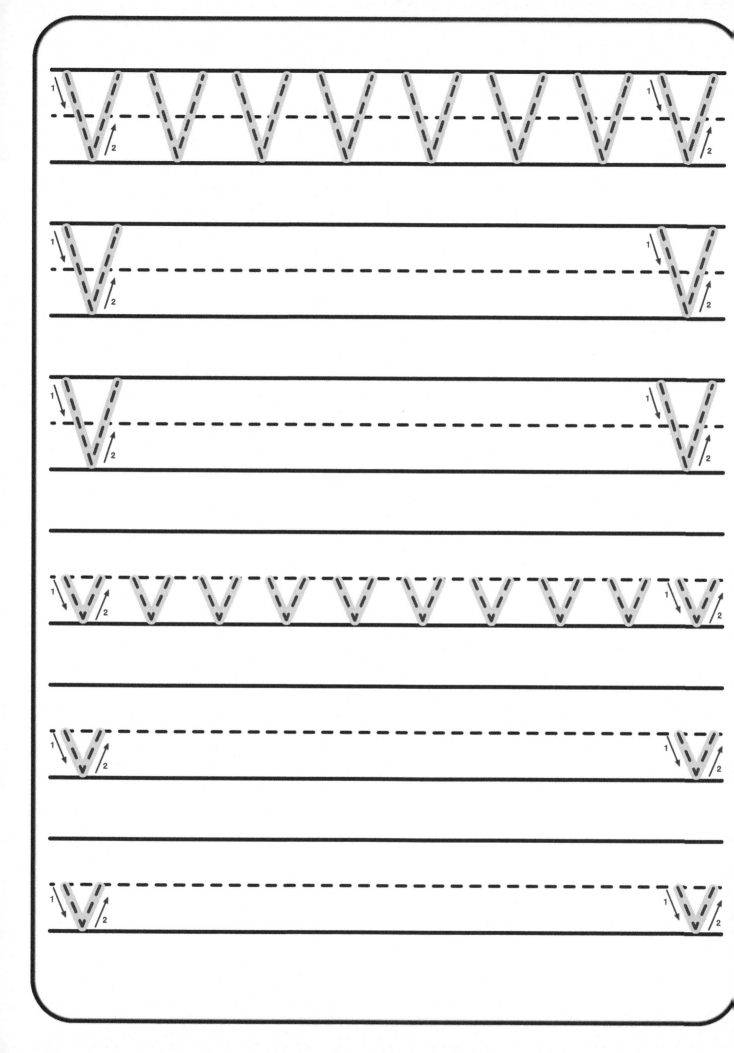

Worm

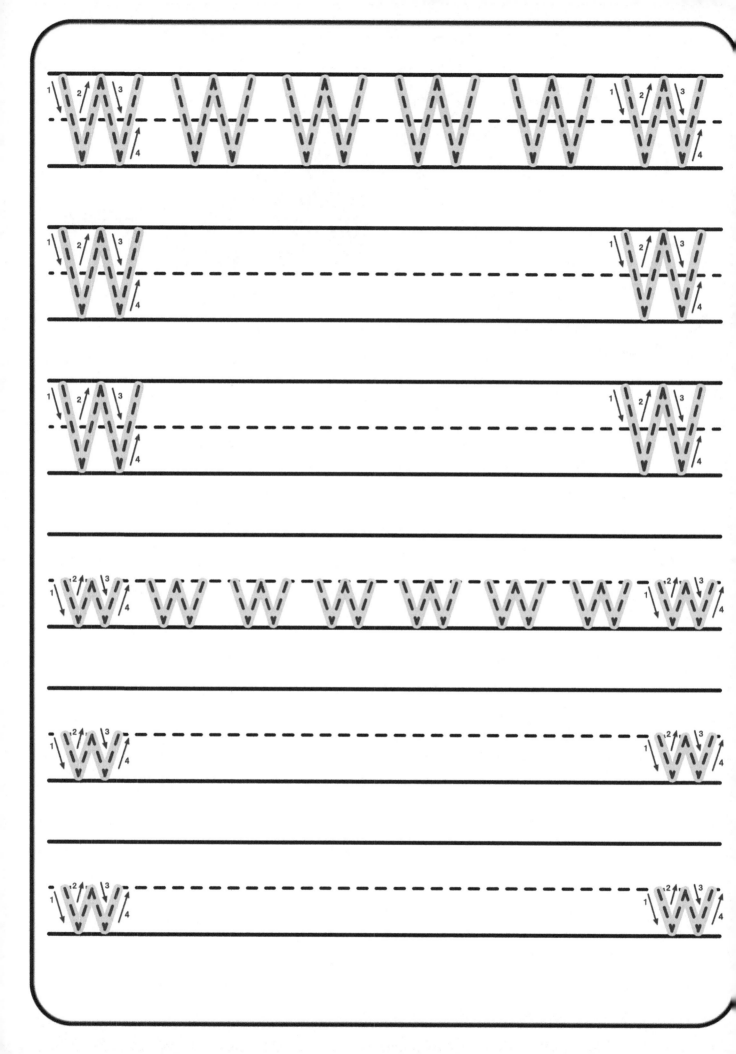

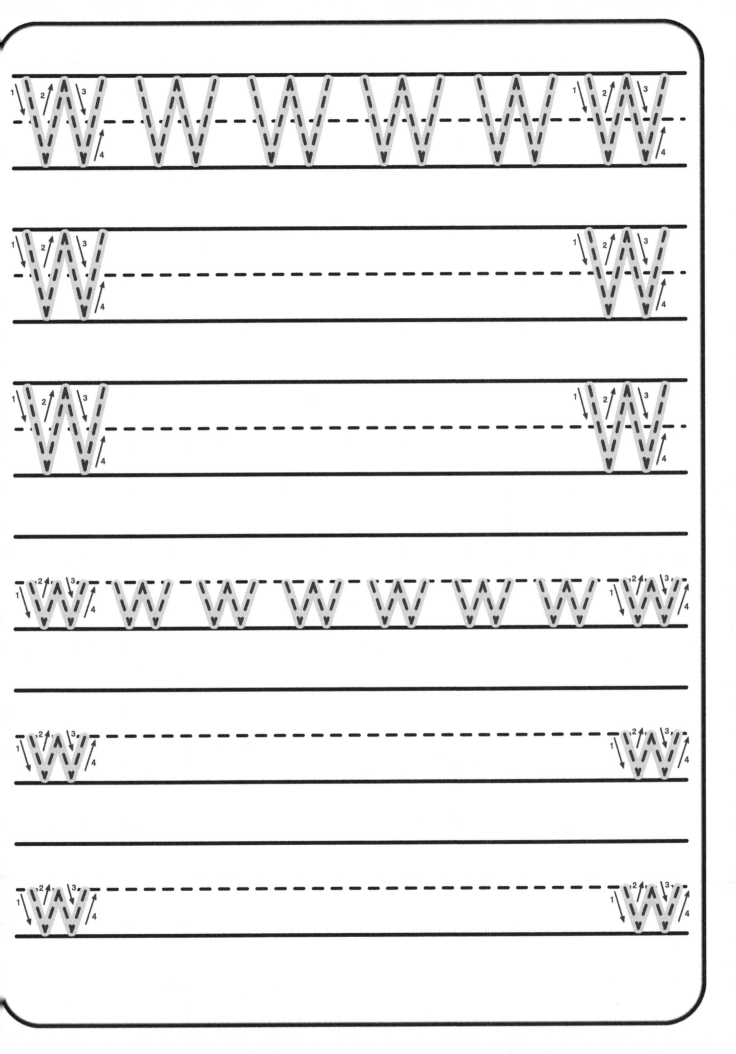

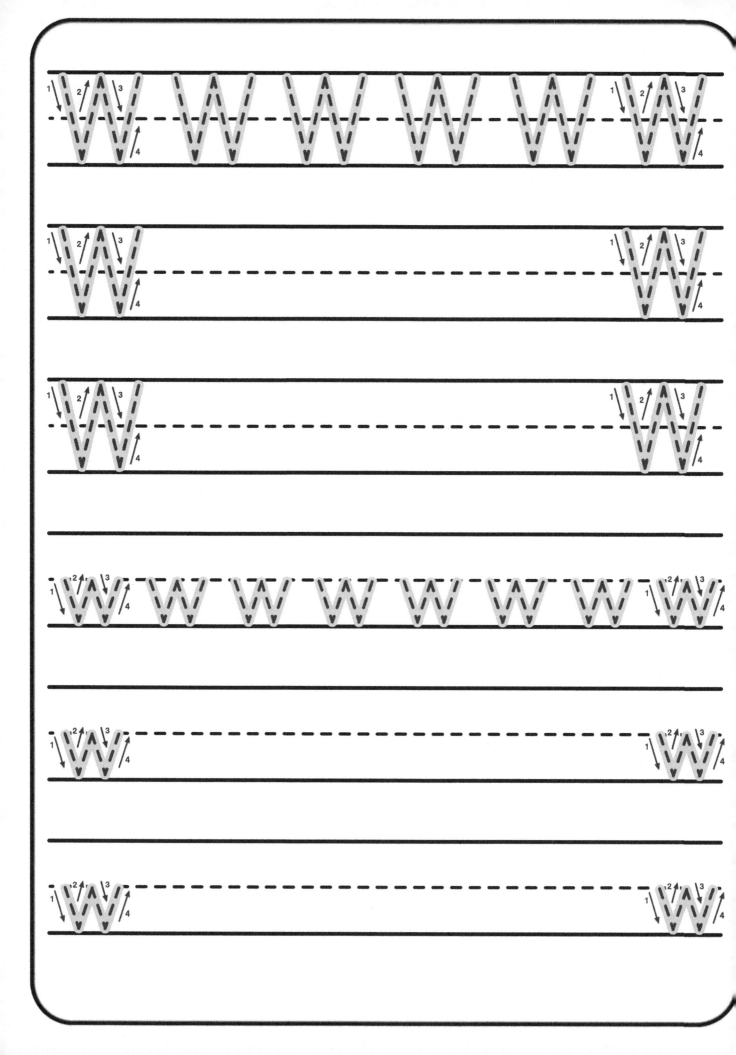

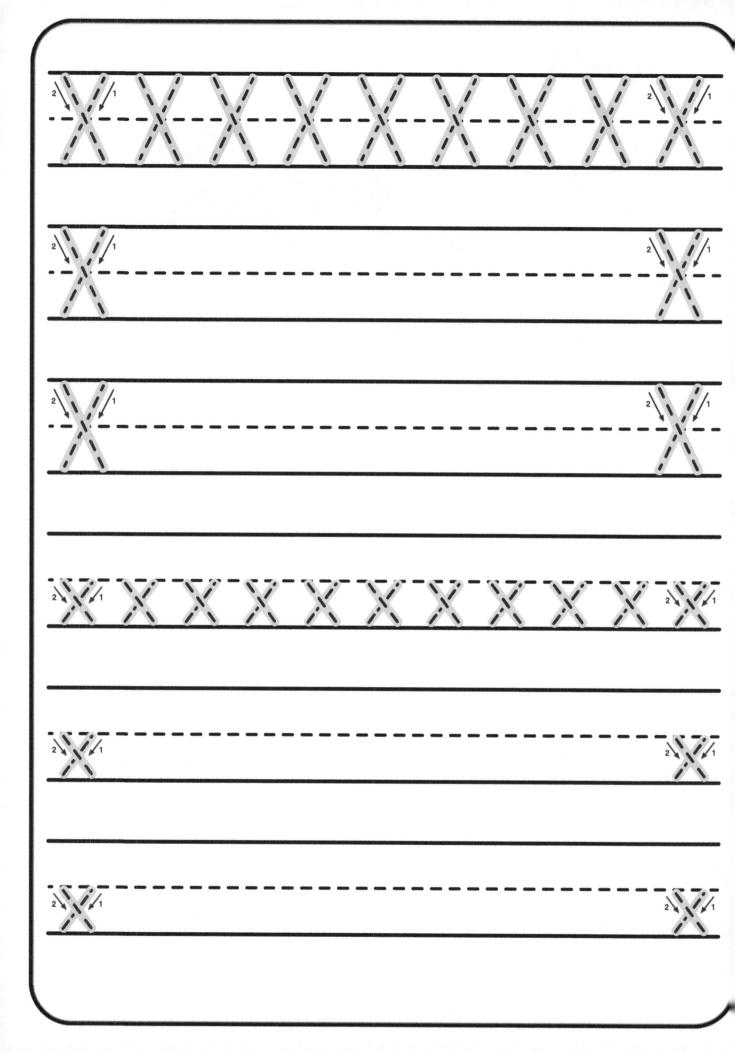

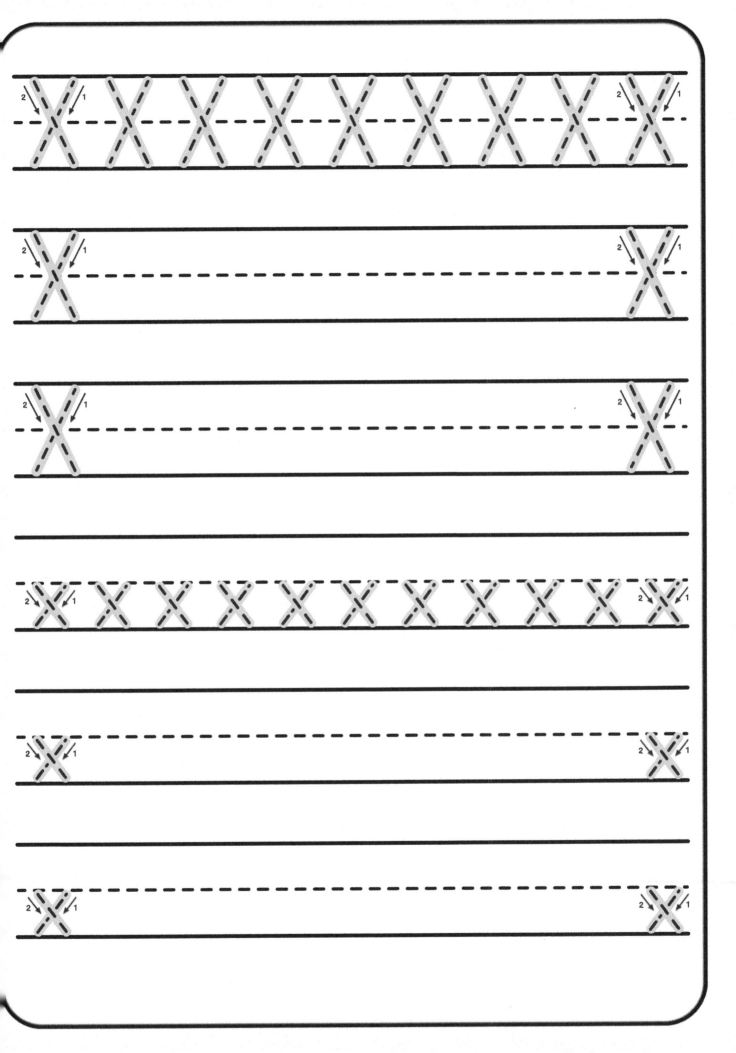

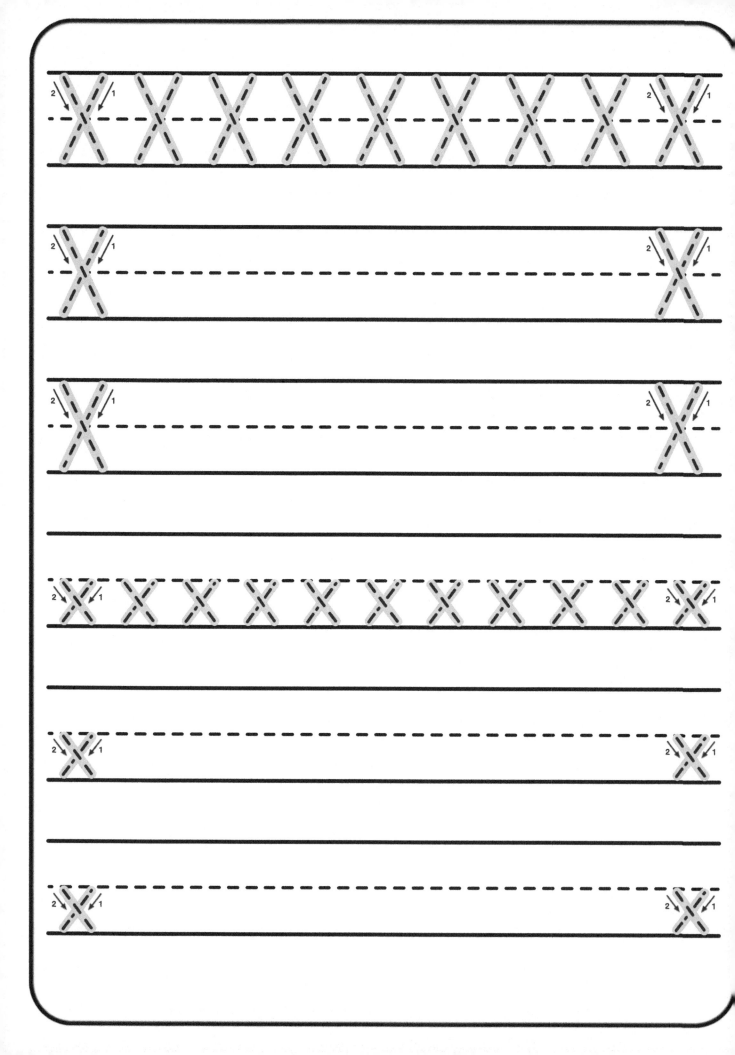

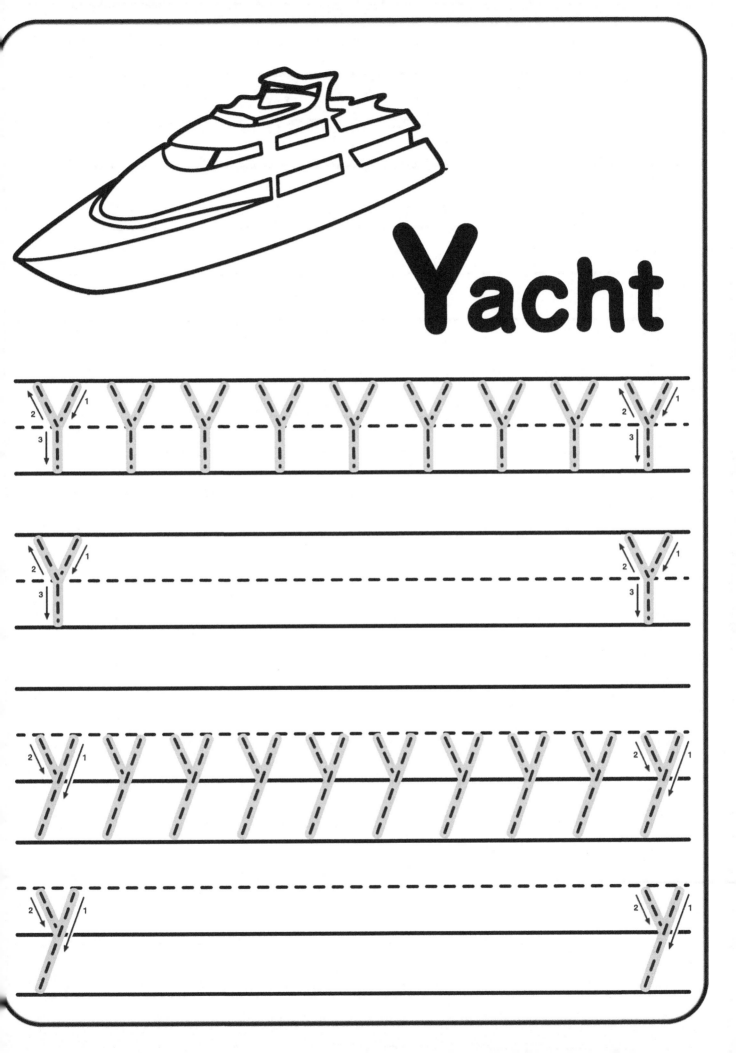

Yacht

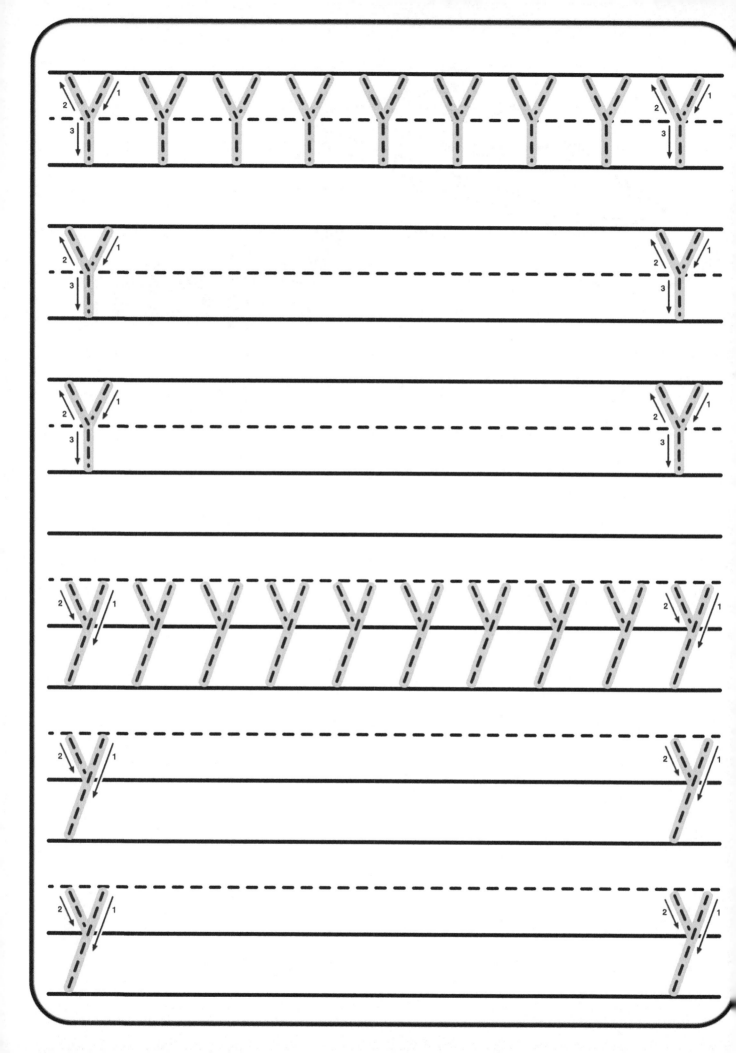

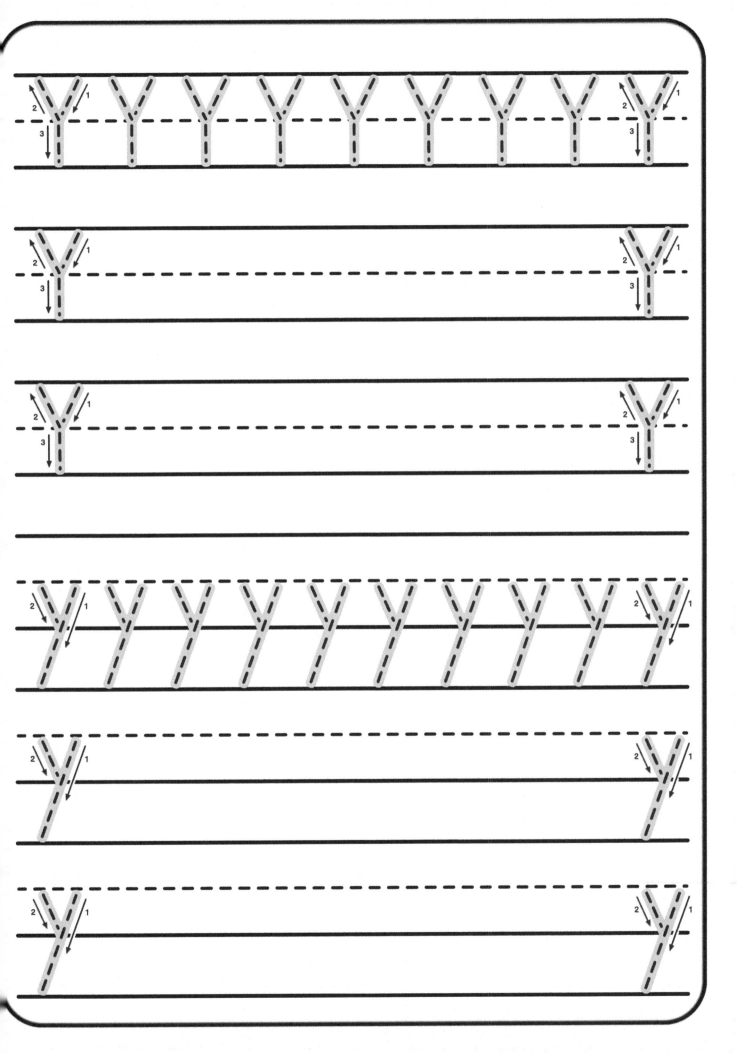

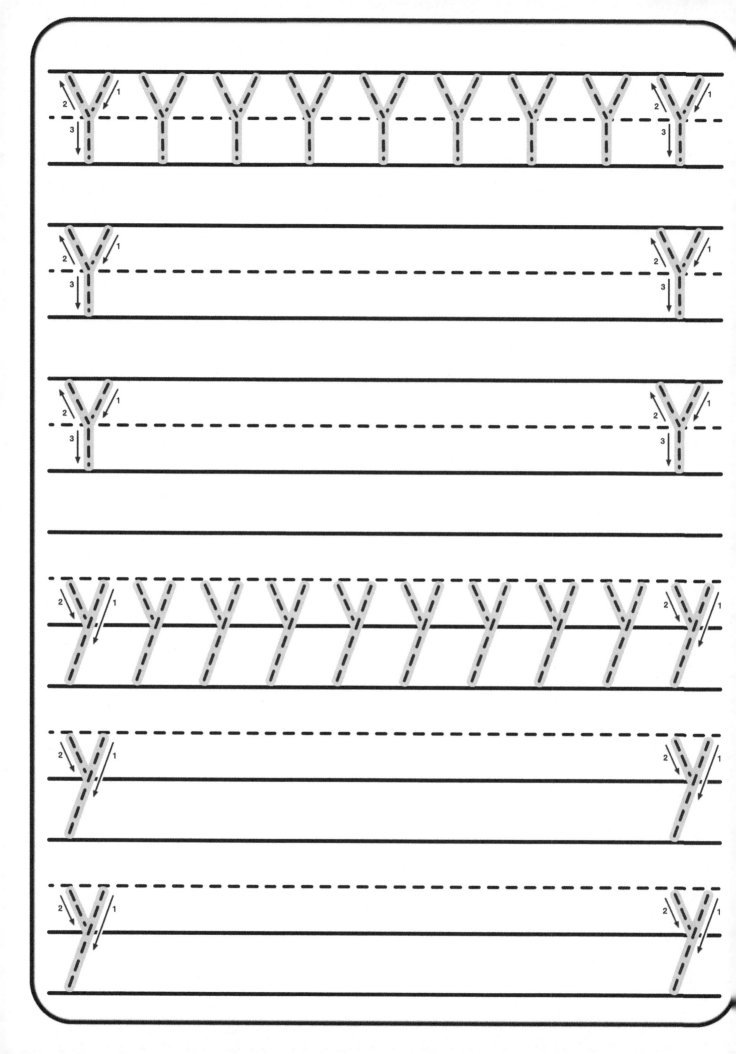

Zebra

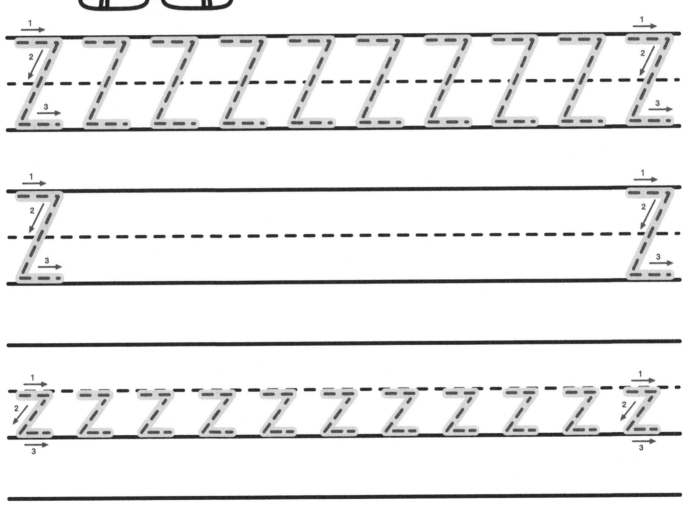

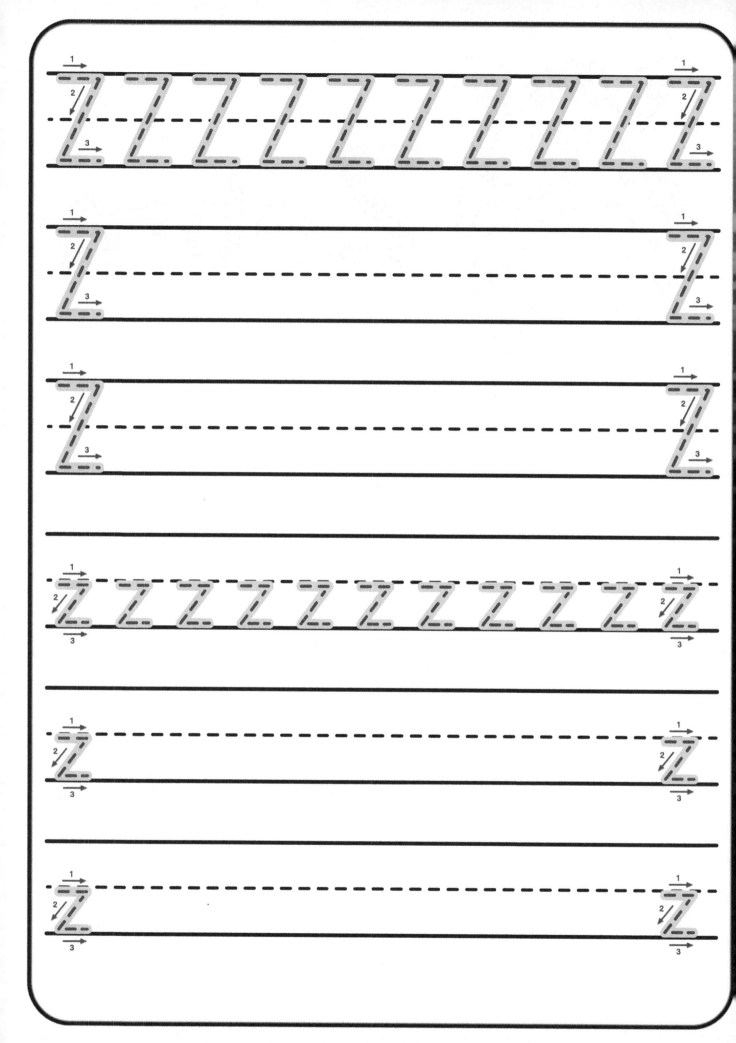

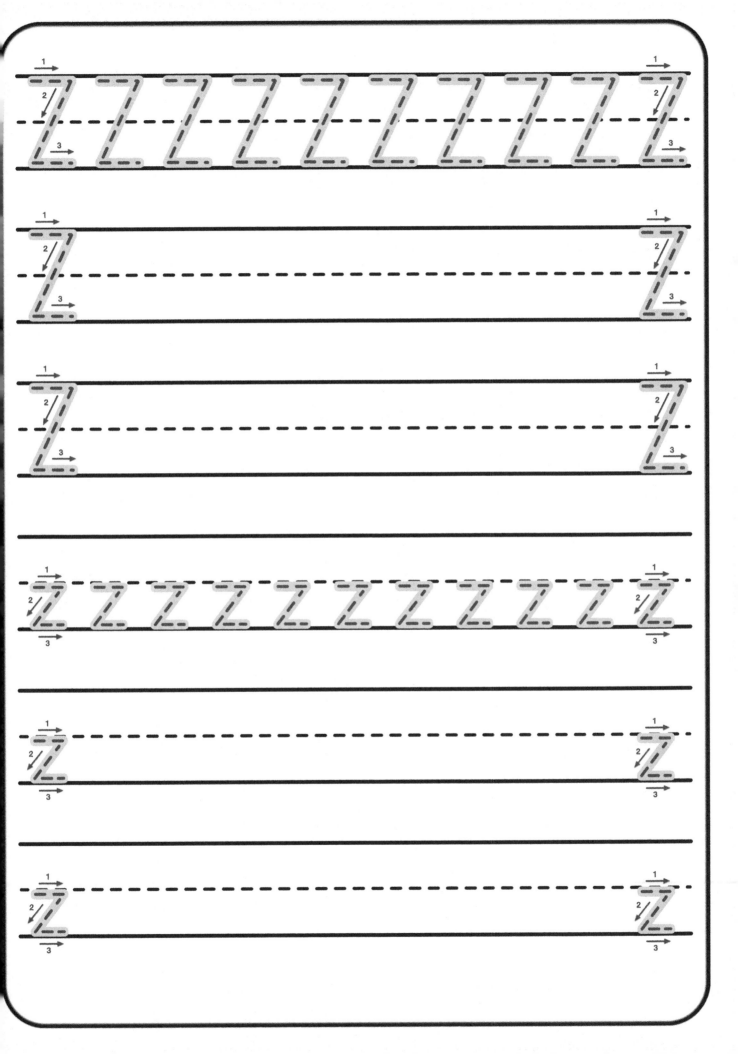

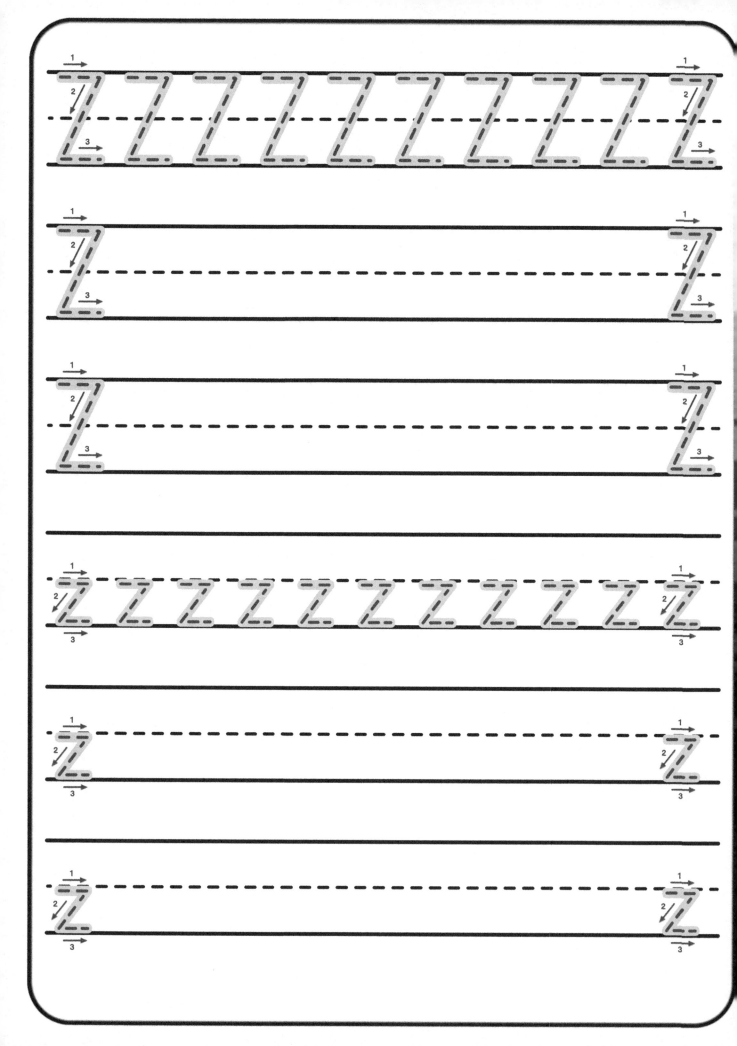